科技创新

图说新质生产力1

图蓝 赛启团队◎著

科学普及出版社
·北 京·

图书在版编目（CIP）数据

图说新质生产力 . 1, 科技创新 / 图蓝，赛启团队著 .
北京：科学普及出版社，2025. 7. -- ISBN 978-7-110
-10987-8

Ⅰ . F120.2-64

中国国家版本馆 CIP 数据核字第 202555SM03 号

策划编辑	杜凡如　何英娇	**责任编辑**	何英娇　孙　楠
封面设计	潜龙大有	**版式设计**	愚人码字
责任校对	焦　宁	**责任印制**	李晓霖

出　　版	科学普及出版社
发　　行	中国科学技术出版社有限公司
地　　址	北京市海淀区中关村南大街 16 号
邮　　编	100081
发行电话	010-62173865
传　　真	010-62173081
网　　址	http://www.cspbooks.com.cn

开　　本	880mm × 1230mm　1/32
字　　数	119 千字
印　　张	6.625
版　　次	2025 年 7 月第 1 版
印　　次	2025 年 7 月第 1 次印刷
印　　刷	大厂回族自治县彩虹印刷有限公司
书　　号	ISBN 978-7-110-10987-8
定　　价	59.00 元

学术指导：

中国技术经济学会

审读专家：

李开孟（中国国际工程咨询有限公司总经济师、专家学术委员会副主任，中国技术经济学会党委书记、理事长，中国工程咨询协会技术经济专业委员会主任委员）

王宏伟（中国社会科学院数量经济与技术经济研究所研究员，中国社会科学项目评估与战略规划研究咨询中心主任，中国技术经济学会常务副理事长）

前 言

PREFACE

“图说新质生产力”丛书涵盖了科技创新、智能制造、数字转型、深海空天、金融技术等前沿主题，通过简明的文字与生动的插图，多维度地解析了新质生产力的核心理念，探讨了它是如何推动经济转型和社会进步的。因此，本套丛书特别适合产业政策的执行者、科技创新的传播者、科技成果的创造者，以及对科技知识充满好奇的青少年阅读，阅读本书便于读者把握未来的发展脉搏，从而更好地指导日常学习和工作。

其中,《科技创新》分册介绍了科技创新的基本概念及其历史演变，深入探讨了当前的前沿技术，包括人工智能的强大应用、量子技术的神奇潜力，以及数字化带来的“金矿”机遇；还着重分析了生物技术的革命性进展、绿色能源与储能技术的发展，以及万物互联的极速演进；并探索了突破现实的元宇宙对未来生活的影响。此外，书中还讨论了创新方法和环境的建设如何推动新质生产力的发展，帮助读者全面理解科技创新在经济转型和可持续发展中的角色，激发创造力与创新思维。

在科技快速发展的当下，科技创新不仅是国家竞争力的核心要素，也是产业发展的关键动力。从传统制造到数字化转型，从基础科学到高端技术，科技创新无处不在，并渗透到每一个行业和领域。本书通过一些典型案例，剖析了科技创新如何改变世界，帮助产业政策制定者和企业管理者更好地理解创新的重要性，并为其制定切实可行的发展策略。

无论你是政策制定者、企业领导者，还是普通学习者，了解科技创新的本质与未来趋势，都是走向成功与进步的关键。

图蓝

2025 年 3 月于北京

目录
CONTENTS

1

第一章

什么是科技创新

从石器到电力的发明，再到互联网的普及，每一次科技创新都深刻地改变了人类社会。随着人工智能和量子计算的崛起，科技创新正在突破人类想象的界限，在加速催生新产业的同时，也在不断推动着旧行业的转型，成为未来推动新质生产力发展的核心动力。

一、技术创新的起源

人类从何而来呢？

如果从哲学的观点探寻，这似乎是一个永恒的难题。

1897 年，法国画家保罗·高更创作了一幅著名的油画，提出了人类的终极之问：我是谁？从哪里来？到哪里去？

然而，从生物学的角度来看，人类的起源其实是可以推测的。

大约 600 万年前，人类祖先开始直立行走。大约 200 万年前，他们的脑容量开始迅速增大。

大约 250 万年前，早期人类开始制作和使用简单的石器工具，这是人类最早的一项技术创新。

这些由天然石块制造的简单工具，极大地提高了早期人类获取食物的能力和保护自己的能力。

控制和使用火是早期人类的另一项技术创新。

大约 100 万年前，早期人类学会了控制和使用火，用于取暖、照明、烹饪食物和驱赶猛兽等。

二、古代技术创新

石器工具和火的使用是早期人类的重要技术创新，这些创新为人类的进步和文明的形成奠定了基础。

大约 2 万年前，中国出现了最早的陶器。这些陶器多为简单的容器，可以用于烹饪或储存食物。

最早的制陶技术出现在古代中国

古中国人将阴干后的陶泥坯放置在点燃的柴草或木材堆上，进行烧制。这种方法简单但效果有限，烧制出的陶器往往比较脆弱，吸水性较强。

大约 2 万年前，山顶洞人已经学会了利用骨针来缝制衣物，这是纺织技术的前身。

陶器和纺织品的发明极大地改善了人类的生活条件。

大约 1 万年前，人类祖先发现，新月沃地的“两河流域”生长着繁茂的野生小麦。

于是，人类的祖先定居了下来，开始种植和选育小麦。

后来，古中国人培育出了另外两种影响深远的粮食作物：粟米和水稻。

可见，中国是世界上两个独立发展出食物生产的中心之一。

动物的驯化以及相关农具的发明也相继展开：人类驯化了绵羊、牛、马等牲畜，发明了锄头、犁和灌溉系统等。

人类逐步进入农业社会。

4000 多年前，青铜器开始出现在中国的夏朝。夏商周时期是中国青铜器的鼎盛时期，包括著名的后母戊鼎、三星堆青铜器等。

夏商周时期精湛的青铜冶炼技术

青铜器的制作和使用标志着人类农业工具的重大进步。

大约在公元前 3400 年，在美索不达米亚地区，苏美尔人发明了楔形文字。

楔形文字是人们用芦苇笔在泥板上刻画的，形状像楔子，因此得名。

公元前 3200 年左右，古埃及人发明了象形文字。

文字的出现不仅用于记录信息，还促进了政治、经济和文化等的发展，使得信息的传递和存储更加高效和准确，推

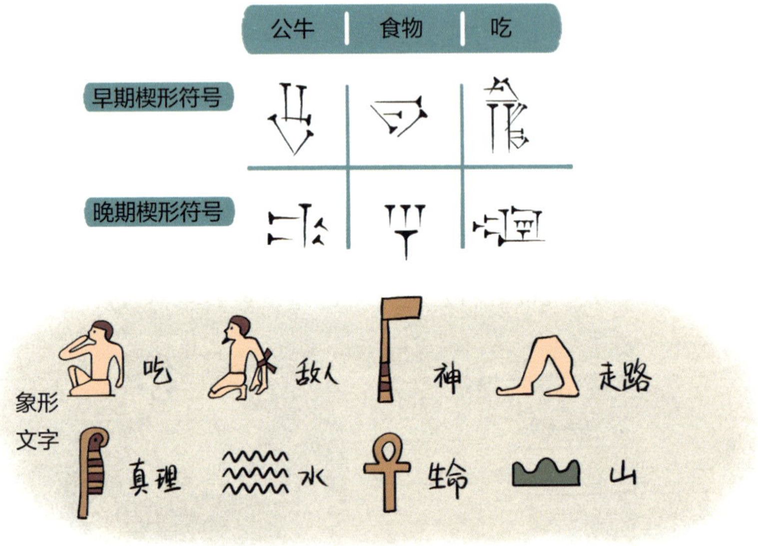

楔形文字和象形文字

动了社会组织的发展和知识的积累。

从石器工具到火的使用，再到后来农业革命和文字的出现等，人类历史上的每一次重大进步都与技术创新密切相关。

三、现代科技创新的演变

回顾过去，是为了更好地展望未来。

数万年来，人类祖先的每一项重大技术创新，都推动了人类社会迈向更高的发展层次。

可以说，技术创新贯穿于人类漫长的发展历程。

技术创新伴随着人类漫长的发展历程

“技术”一词源自古希腊语，原意为“艺术”或“工艺”，即可以完成特定任务或解决实际问题的技能和知识。

在现代，技术不仅涵盖物质工具，还包括系统化的操作知识。

美籍奥地利经济学家约瑟夫·熊彼特在其论文中指出，创新在经济增长中起着关键作用，创新不仅是发明的过程，更是将新发明商业化，即应用于市场并产生经济效益的过程。

熊彼特将创新分为几类：新产品的引入、新生产方法的开发、新市场的开拓、新原材料的发现以及新的组织形式的建立。

这些创新推动了“创造性破坏”，即通过新技术和新模

式的引入，淘汰旧的结构和模式，从而推动经济和社会的发展。

后来，彼得·德鲁克等管理学家进一步拓展了创新的定义：创新不局限于技术领域，还包括组织创新、管理创新和商业模式创新。

如今，科学已经成为技术发展的先导力量，没有科学的突破，就难以催生出革命性的新技术，不过，“科学”一词的出现相对较晚，源于拉丁语，原意为“知识”或“认知”。

大约2300年前，古希腊哲学家亚里士多德对自然、天文、生物等多个领域进行了研究，奠定了早期科学思想的

基础。

16—17 世纪的科学革命时期，一大批杰出的科学家相继涌现，比如哥白尼、伽利略、开普勒和牛顿等，他们在天文学、物理学和数学等方面为现代科学奠定了基础。

英国哲学家弗兰西斯 · 培根是科学方法论的重要推动者之一，他强调通过系统观察和实验，逐步推导出普遍的规律。

此外，法国哲学家、物理学家、数学家、生理学家勒内 · 笛卡儿提出了理性主义，主张通过逻辑和数学推理理解自然现象。

19世纪以后，科学逐渐分化为多个专业领域，如物理学、化学、生物学等。

科学、技术和创新的概念都已经清晰，那么，科技创新是不是就等于“科学＋技术＋创新”呢？

其实，科技创新是一个超越这三者简单相加的系统过程，也被称为“科技创新链”。

科技创新不仅涉及科学和技术，还需要通过创新的思维和方法，创造出新的知识、技术、产品或服务，从而推动新产品和新市场的形成。

科技创新链是指从科学研发到技术开发、成果转化、产业应用，再到市场推广的完整创新过程，像链条一样，环环相扣、层层递进。其中，有四个关键环节。

第一个是科学发现。通过基础研究发现新的科学知识，例如新的物理定律、化学反应或生物机制等。

第二个是技术开发。基于科学发现，开发出新的技术或改进现有技术，使其能够应用于实际问题的解决。

第三个是创新应用。将新技术应用于生产、生活或社会管理中，实现商业化或提高社会效益。

第四个是产业转型。科技创新推动了产业结构的调整和升级，使得经济发展方式更加高效和可持续。

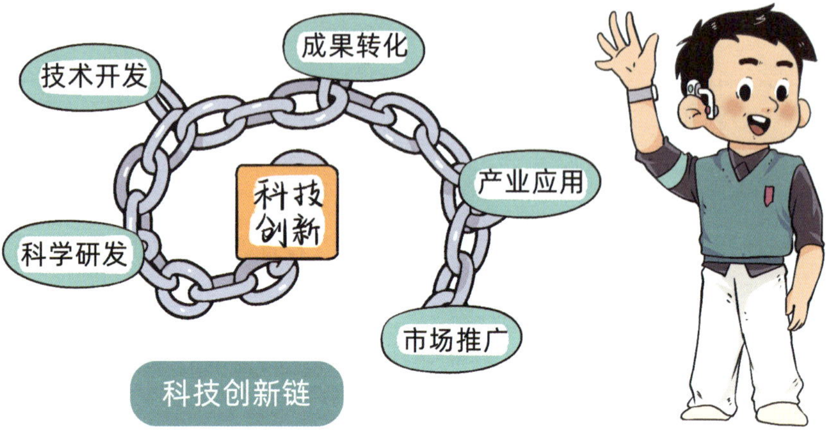

四、引燃工业革命的“火种”

过去的200多年，科技创新爆发出了强大威力。

技术革命是引发第一次工业革命的“导火索”，而科技创新则是点燃这根导火索的“火种”，因为科学方法早已植根于技术革命的每一项创新中。以电磁学为基石，电力的广泛应用推动了第二次工业革命，从此，科学成为技术的先导，成为人类文明的“领航员”。

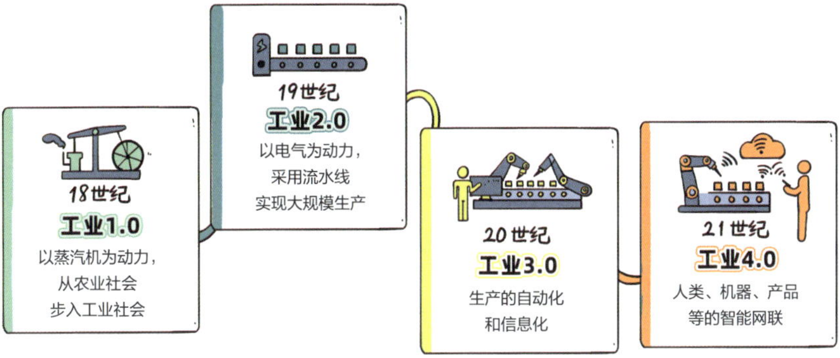

第一次工业革命发生于18世纪60年代至19世纪40年代，发源于英国，随后扩展到欧洲和北美。

第一次工业革命的技术创新，包括蒸汽机的发明和应用、纺织机械的改进、煤炭和钢铁冶炼技术的发展等。

第一次工业革命

开始时间：18世纪60年代

开始国家：英国

开始领域：棉纺织业

手工生产 → 机器生产

手工工场 → 工厂制度

农业文明 → 工业文明

蒸汽机大大提高了产量和效率，手工劳动逐渐被机械化生产取代。

蒸汽机和蒸汽船，极大地缩短了运输时间，促进了贸易往来，加快了资源的流动。

第二次工业革命开始于 19 世纪 70 年代，延续至 20 世纪初。第二次工业革命在欧美资本主义国家广泛展开，其中，美国和德国是主导国家。

第二次工业革命的核心科技创新，包括电力的应用、化学工业的兴起、内燃机的发明与应用、钢铁生产的突破、电话和无线电通信技术的进步等。

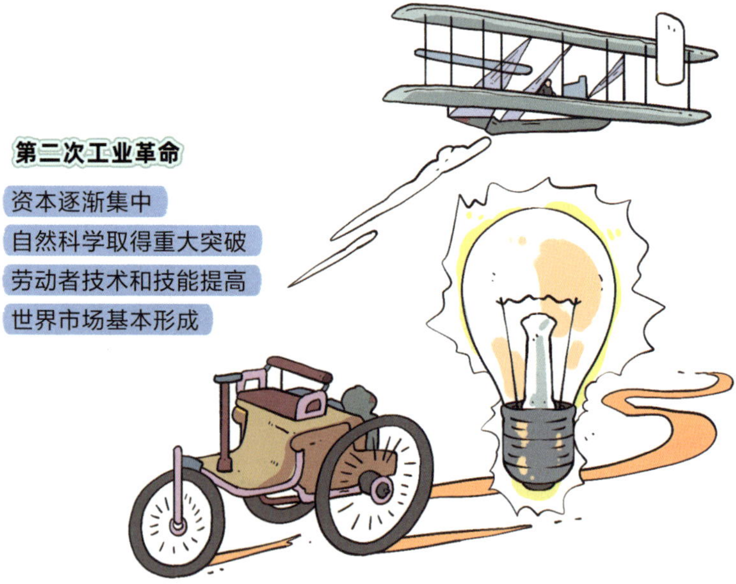

电力取代蒸汽成为主要能源，带来了家用电器、照明的普及。

内燃机的发明推动了汽车和飞机的发展，改变了人类的出行方式。

流水线生产使得商品的生产成本大幅下降，奠定了现代消费社会的基础。

第三次工业革命发生于20世纪下半叶，发源于美国，随后扩展至全球。

第三次工业革命的核心科技创新，包括计算机技术的普及、半导体技术的发展、信息技术的进步（如互联网的诞生），以及核能的应用等。

计算机和信息技术带来了数字革命，互联网的普及进一

步推动了全球化和信息经济的兴起。

自动化生产线和工业机器人的应用，使工厂更加智能化，生产效率大幅提高。

信息技术的进步推动了全球经济一体化，全球供应链的形成使得各国经济更加互联互通，极大地提升了经济效率。

知识和信息成为关键的生产要素，推动了高科技产业的兴起。

第三次工业革命推动了全球制造业的升级和技术创新

的突破。中国在改革开放后也迅速崛起，成为全球制造业中心。

21 世纪初至今，第四次工业革命在全球范围内展开，其核心科技创新包括人工智能（AI）、物联网、大数据、区块链、量子计算、基因工程、5G 通信和智能制造等。

人工智能和自动化技术正在彻底改变工作方式和行业结构。

大数据和云计算技术使得数据成为新的“石油”，推动了数字经济的发展。

科技创新已成为国家竞争力的核心。

中国在第四次工业革命中表现突出，在人工智能、5G和智能制造等领域取得了显著进展，逐渐成为全球技术创新的重要力量。

五、我国科技创新的发展

科技创新有力地推动了我国的现代化建设。

1988 年，“科学技术是第一生产力”正式提出。

2012年，党的十八大报告提出“全面推进创新”，意味着科技创新不仅仅局限于技术领域，还包括制度创新、管理创新、文化创新等多方面。

2015年，党的十八届五中全会提出“创新、协调、绿色、开放、共享”的发展理念，明确了“创新驱动发展”战略。

自2023年7月以来，习近平总书记在四川、黑龙江、浙江、广西考察调研时，提出要加快形成“新质生产力”。随后，在中央经济工作会议及中央政治局集体学习中，又再次提出要推动“新质生产力”加快发展。

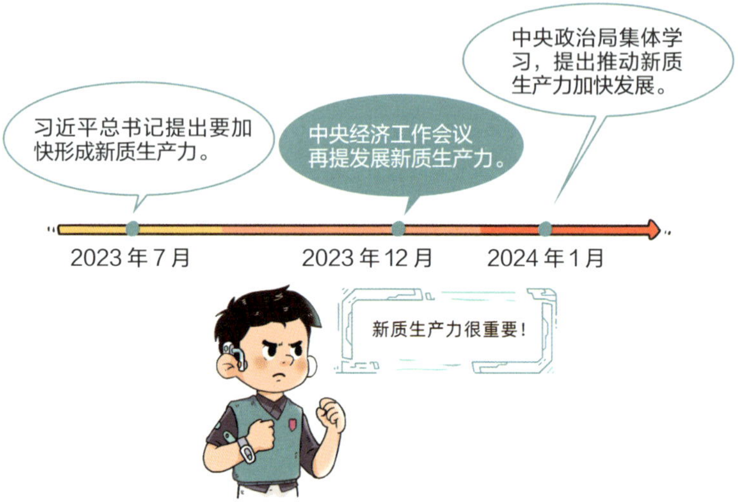

新质生产力是由新技术、新模式、新产业等引发的生产力形态的质变，体现了效率、智能化水平的提升以及对资源的优化配置，还涵盖了绿色（生态底色）和新型生产关系（制度保障）等现代生产力的广义内涵。

新质生产力不仅是科技创新的结果，也是推动进一步科技创新的关键力量。

2

第二章

强大的人工智能

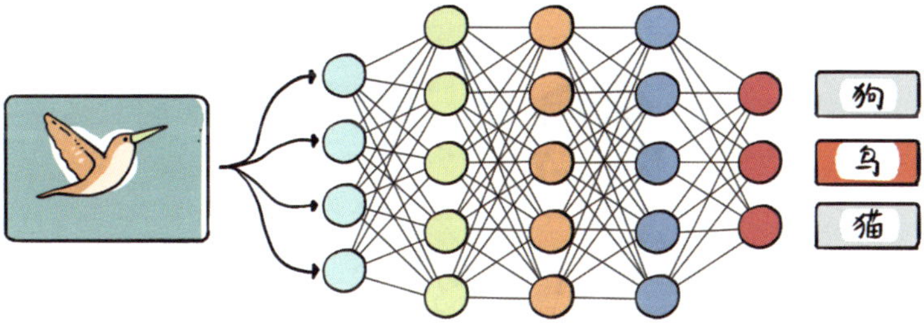

人工智能的迅猛发展，特别是在机器学习和深度学习方面的突破，使得机器可以模拟人类的智能行为，迅速提升了各行各业的工作效率和创新能力。从医疗到金融，从制造到教育，无处不在的人工智能有力推动着新质生产力的形成和发展。

一、人工智能的起源

1956 年夏天，10 位科学家在达特茅斯学院数学系举行了一场影响深远的学术讨论，主题是：用机器来模仿人类的学习及智能。

29 岁的麦卡锡（美国计算机科学家）是会议的组织者，他给这次会议的主题起了个名字，叫“人工智能”（Artificial Intelligence，缩写为 AI）。

早在 1950 年，年轻的英国数学家图灵就曾发问：“机器能思考吗？”

后来，图灵又提出了一个可以测试机器是否具备智能的方法——著名的“图灵测试”。

机器（计算机）在进行图灵测试时，还需要两位参与者，即一位询问者和一位被测试者。询问者提出一系列问题，由计算机和被测试者分别作出回答，如果询问者分辨不出哪个是计算机回答的，哪个是被测试者回答的，则意味着此台计算机通过了图灵测试。

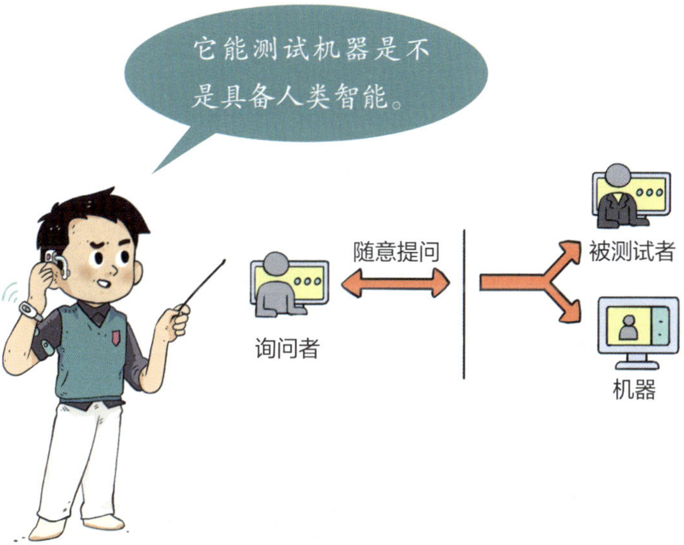

直到 2014 年，一款由俄罗斯人开发的软件终于通过了图灵测试。

从人工智能的提出到 20 世纪 70 年代，人工智能的重大预期目标都没能实现，其发展遭遇了第一个低谷。

二、专家系统的出现

这时候，费根鲍姆（美国计算机科学家）出现了！

费根鲍姆认为，机器要具备智能，仅仅拥有推理能力是不够的，它还必须拥有大量的知识。把这些知识集中到一起，可形成知识库。

在知识库的基础上，人们根据需要制定使用规则，从而解决特定领域的问题。这就是费根鲍姆所说的“专家系统”。

20 世纪 70 年代，费根鲍姆和他的团队开发出了一款辅助医生诊断的“专家系统”——Mycin 系统，其诊断能力超

过了一般医生，甚至达到了专家级水平！

费根鲍姆的“专家系统”，引领人工智能进入第二次发展热潮。

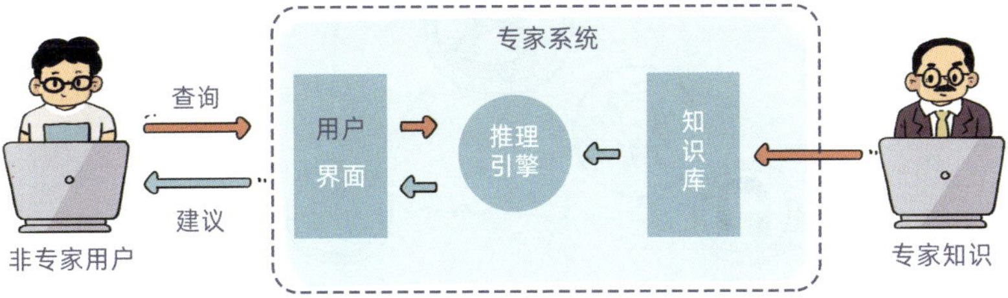

然而，时代在发展，新的领域不断涌现，人类的认知不断攀高，专家系统哪能面面俱到？再者，即便是同一个领域，知识也在不断更新，需要没完没了地更新。

到了 20 世纪 80 年代，专家系统的发展开始衰落下来，人工智能再次陷入低谷。

不过，综合性的专家系统，也就是百科全书式的知识库却没有停止发展的脚步。

2011 年，IBM 公司推出了一款叫“沃森”的专家系统。它的知识储备相当惊人，在美国电视智力竞赛节目中，居然击败了两位人类冠军选手！

2012 年，谷歌知识图谱发布，它是一个汇集了多种信息来源的知识库，能协助使用者快速找到所需的资料。

知识图谱

随着语音识别技术、图像识别技术以及网络搜索技术

的迅速发展，现在的人工智能专家系统的知识储备更加强大。

你可以对着手机问一些科学方面的问题，或者拍几张花草昆虫的照片，问问它认不认识。试过之后，你一定会惊叹不已！

然而，这些惊艳的表现都是以专家系统为基础的，机器只能按照程序运行。

机器能自己学习知识，自己制定规则吗？

三、深度学习与强化学习的突破

先来看看大脑是如何工作的。

人类大脑中参与思考的细胞，又叫神经元。它的长相很像“流星锤”，而且数量非常庞大，总共大约有一千亿个！

神经元上负责接收信息的部分叫作树突，一个神经元有多个树突。但是，向外传导信息的渠道只有一条，这部分叫轴突。不同神经元传达的信息对最终信息的影响是不一样的，即“权重”的大小有别。

神经元“流星锤”一样的结构给了科学家启发。

1957 年，美国心理学家、计算机教授罗森布拉特提出了

感知器的概念，就是“仿生”的神经元。

由此，罗森布拉特发明了叫作“感知机”的神经网络模型，这是人类历史上创建的第一个单层“神经网络”。

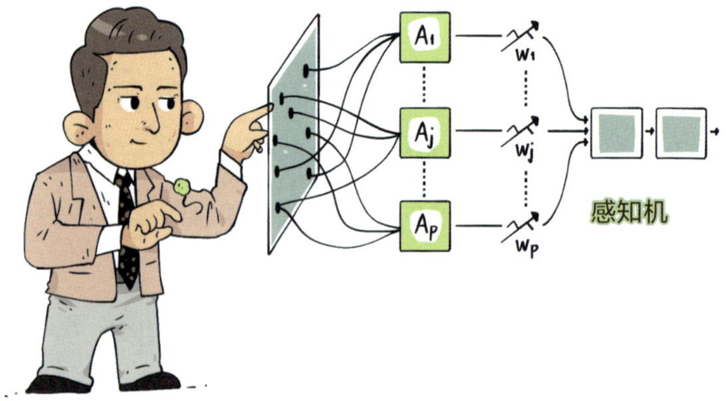

科学家们进一步的研究发现，人类大脑中的神经元一般都是“组团”工作的，形成被称为“模式识别器”的工作单元，大脑中有数亿个这样的模式识别器。

模式识别器是按照“层级关系”排列的，信息识别的顺序是从低层级模式识别器流向高层级模式识别器，包括输入层、隐含层和输出层。

1982 年，新的虚拟神经网络问世，它由美国生物物理学家霍普菲尔德提出，被称为霍普菲尔德神经网络模型。

这是一种循环神经网络，即一种单层互相全连接的反馈型神经网络，每一个神经元都向所有神经元传递信息，同时也接收所有神经元传来的信息。

科学家一开始不给虚拟神经网络模型定规则，而是像给婴儿喂奶一样，给电脑“喂”数据。即科学家将结果告诉电脑，让它自己去计算需要多少个感知器，自行确定每个感知器的权重是多少，即找出规则。因此，这个过程也被称为“机器学习”。

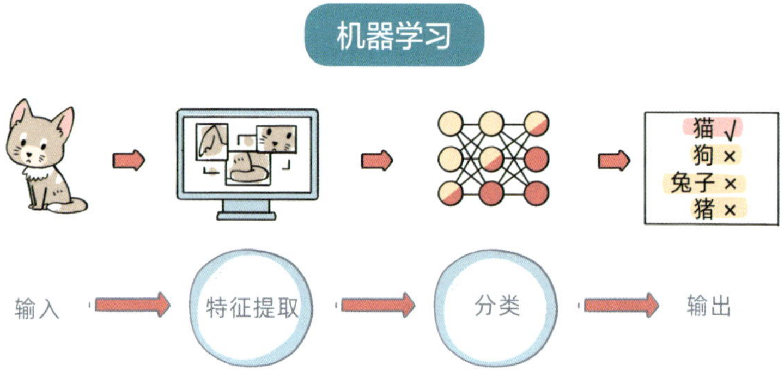

执行不同的任务时，神经网络会调用不同规模的感知器，可能有成百上千甚至更多的感知器同时工作，这对电脑的“算力”提出了更高的要求。

所谓算力，是指电脑处理信息的能力。如今，电脑算力的增长极为迅速。

同时，互联网产生的海量数据，正是“投喂”虚拟神经网络所需的“口粮”。

大数据和算力的提升，孕育出了更加先进的神经网络。

2006 年，认知心理学家和计算机科学家辛顿提出了深度神经网络的概念。所谓深度，就是增加神经网络中感知器的层数。

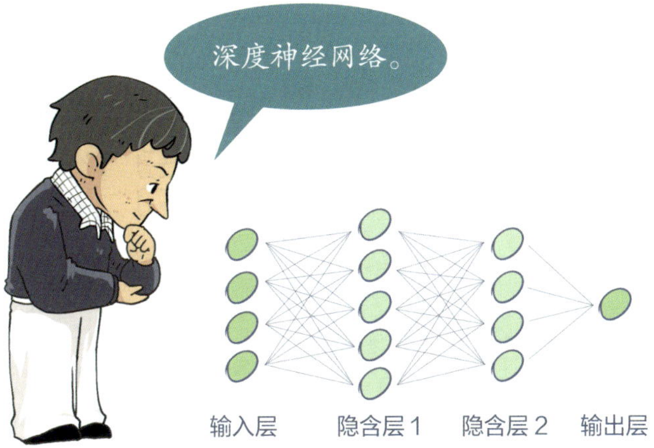

辛顿和他的深度神经网络

辛顿认为，大脑对事物和概念的记忆，就像数码照片是由无数个像素组成的网络一样，分布式地存在于一个巨大的神经网络里。

比如我们脑海中的“小翠鸟”，它可能涉及很多个神经元，一部分代表各种规格的“小”，另一部分代表各种颜色的“翠”，还有一部分代表各种形象的“鸟”。

辛顿还认为，在神经网络中，增加感知器的层数，可以分析和捕捉事物更多的特征。这就好比数码照片一样，随着

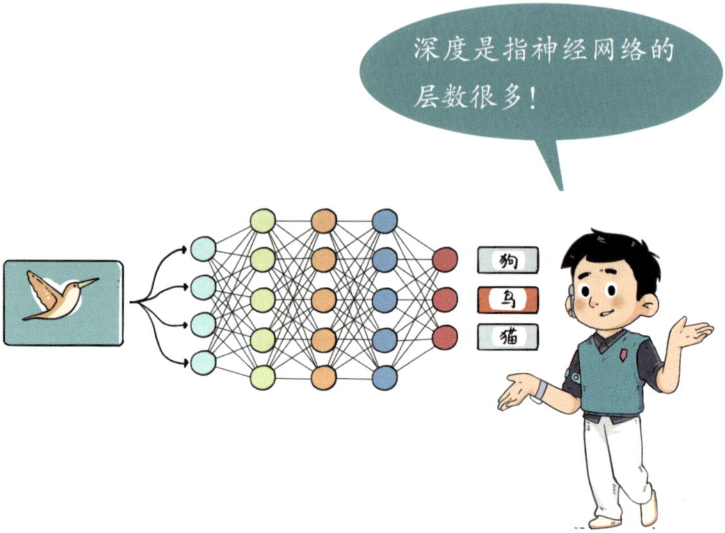

像素的提高，照片就会越来越清晰，也越来越逼真。

为了形象地称呼这种多层神经网络，辛顿为它起了个好记的名字——深度学习。

2012 年，在斯坦福大学李飞飞教授组织的图像识别国际大赛上，辛顿团队以绝对领先的成绩拔得头筹。

可以说，深度学习是人工智能领域最具突破性的发明之一，它引领人工智能进入了第三次发展浪潮。

深度学习使得人工智能在处理某些复杂任务方面开始游刃有余，如图像识别、自然语言处理、语音识别等。

图像识别相当于让机器长出了眼睛，它不仅让机器能“看见”，还能“看懂”这个世界。

例如，人脸识别具有快速、准确、卫生、安全的特点，这就是人工智能给我们生活带来的极大便利！

人类获得的外部信息，主要来自眼睛和耳朵。人工智能的“耳朵”就是语音识别技术，让机器听得见、听得懂。

语音识别技术得益于深度神经网络的发展，让人工智能的机器长出了耳朵和嘴巴，“能听会说”的服务型机器人开始出现在很多场合。

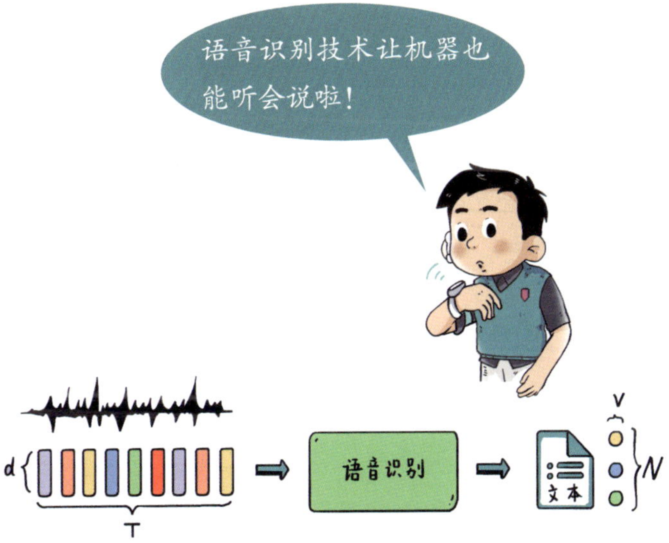

用语言进行人机交互的应用场景也越来越广泛。比如，手机语音助手、智能音箱、智能家居、智能语音客服等。

机器学习也使得人工智能在人类擅长的棋类项目中脱颖

而出。

围棋被公认为是难度最大的人类棋类运动。

2016年3月，谷歌计算机围棋程序阿尔法狗挑战人类围棋冠军，并以总比分4∶1获得了比赛胜利。这是人工智能的一次重大突破，具有标志性意义。

至此，人工智能开始超越人类，占领棋类智力游戏的最高峰。

那么，阿尔法狗到底有什么过人之处呢？

在出战之前，阿尔法狗通过深度学习，学习了人类16万场棋局的棋谱！人类通过这个学习过程，将它培养成了一名训练有素的棋手。

然而，阿尔法狗还能根据计算回报率的大小来确定哪些下法可以得到更高的回报，进而强化这些下法，这就是强化学习。

强化学习是一种自主学习，它发掘了人工智能的巨大潜力。

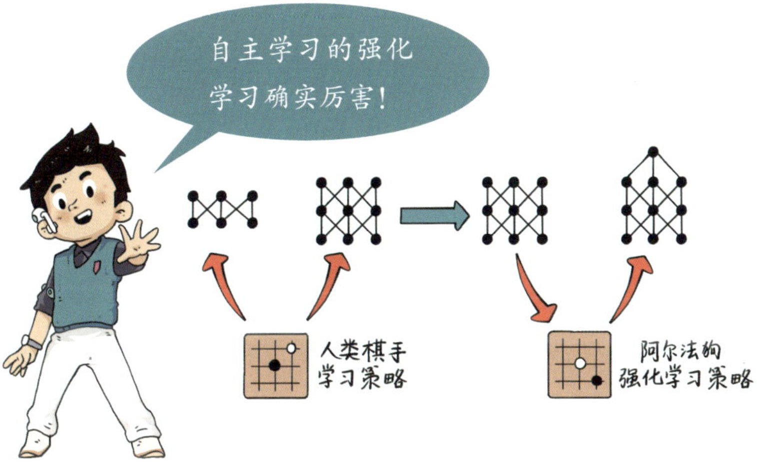

不过，深度学习和强化学习都需要依赖大数据供其“自学”。

四、人工智能的最新应用

过去几年，人工智能在深度学习和强化学习方面的突破，催生出了一个非常复杂而尖端的领域——自动驾驶汽车。

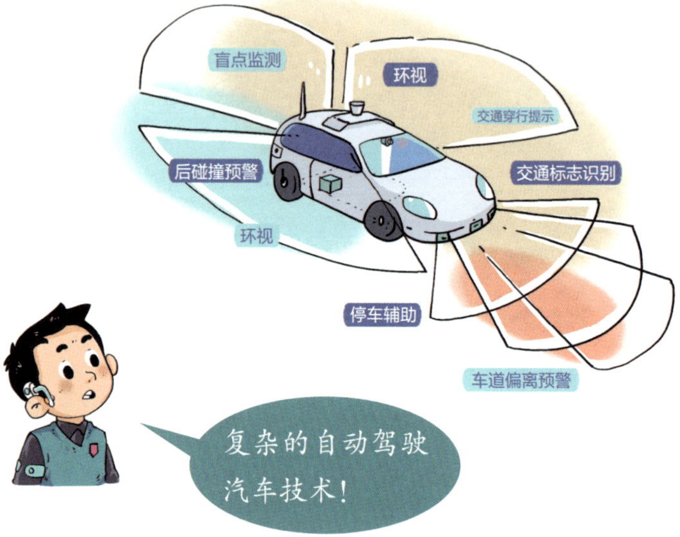

自动驾驶涉及多个关键技术的集成和协同。比如：遍布车顶和四周的各种传感器；卫星导航系统对车辆进行的精确定位；合理的路径规划算法；实时的决策，包括调整路径、控制车速、变换车道、躲避障碍；以及强大的人机交互功能。现在的自动驾驶技术仍不成熟，不可完全交由自动驾驶操作。

今天，人形机器人最受人们关注。

人形机器人正在向更加“聪明”、更有“感觉”和“通人性”的方向快速迭代。它们因配备了更多种类的传感器，如视觉、声音、力觉、化学传感器等，从而具备了立体化的感知能力。

2024 年 10 月，马斯克发布了可以提供生活服务和自然交流的人形机器人。可见，无人驾驶汽车和机器人伙伴已经走进现实!

在人口众多的大城市，每天都在上演着严重的交通拥堵问题，参与交通的车辆、行人、道路、交通信号等因素，都是彼此影响的，多个因素的相互作用，使得拥堵往往难以准确预测。具有类似特点的问题又被称为“复杂系统”。

除了交通拥堵外，环境监测、天气预报、矿山开采、新药研制等问题，也都属于复杂系统。过去，这些复杂系统非常令人头大，但今天，人工智能却是应对它们的能手！

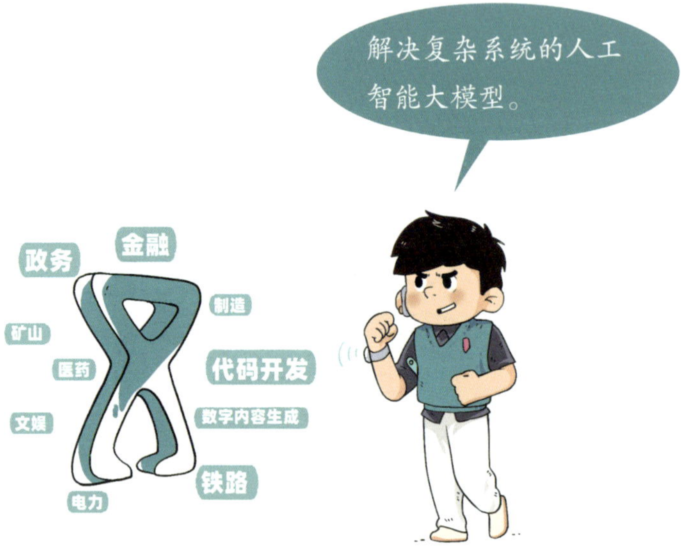

2022 年年底，人工智能语言模型 ChatGPT 诞生，它可以完成很多复杂的语言工作，包括创作剧本、歌曲、企划方案等任务。

2023 年 8 月，百度公司发布“文心一言”大语言模型，它能与人对话互动、回答问题，并且能协助用户进行文字创作。

2024 年 2 月，OpenAI 公司发布了 Sora，它能以文本描述生成视频。用户只需要把想法表达出来，Sora 就能生成高清视频，其逼真程度令人咋舌！

2025 年 1 月，我国自主研发的 DeepSeek 大语言模型正式发布，可用于智能对话、文本生成、语义理解、计算推理、代码生成或补全等诸多应用场景，其性能达到了全球领先水平。

DeepSeek 大语言模型使用了先进的数据蒸馏技术，以便在较小、效率更高的模型上进行学习和推断，打破了“大模型需要大算力”的神话。

2025 年 1 月 31 日，英伟达、亚马逊和微软等公司先后宣布接入 DeepSeek-R1 模型。

2 月 26 日，DeepSeek 宣布开源 DeepGEMM。

五、人工智能的未来

人工智能加上人形的钢铁躯壳，就是智能机器人；加上翅膀，就是无人机；加上轮子，就是自动驾驶汽车……它们的身体比人类强壮，算力更是强大，再匹配上可以自主学习的算法，将能胜任人类现有的一部分工作。

令人细思极恐的是，人类需要吃饭睡觉，还要休闲娱乐，而人工智能却可以 24 小时不眠不休。

科学家们认为，那些重复性的、日常性的工作岗位将最有可能首先被人工智能所取代。

比如，“黑灯工厂”已大量出现，即通过人工智能、物联网等技术的大量应用，催生出各类几乎不需要工人的生产模式。

人工智能已成为新质生产力的核心技术之一。

首先，数据已经成为新质生产力中新的生产要素，而人工智能则是处理和分析海量数据的关键工具。

其次，人工智能是智能制造的核心技术，它增强了人与机器之间的协作能力。

最后，人工智能是众多新兴产业的技术基础，也加快了新产品研发和技术创新的速度，这为新质生产力的发展提供了强大的动力。

3

第三章

神奇的量子技术

量子技术突破了传统物理学的局限，开辟了全新的技术领域。量子计算、量子通信和量子传感等技术的应用，提供了前所未有的计算能力，颠覆了传统的信息传输方式，也为各行业的智能化、数字化转型提供了强大的动力，成为新质生产力的重要推动力量。

一、量子的提出

科学家们将肉眼看得见的物质世界，称为“宏观世界”；将肉眼看不见的物质世界，称为“微观世界”。

人类肉眼能够看到的最小物体，有多大呢？0.01 毫米左右，差不多是头发尖的大小。也就是说，以头发尖为界，大体上可以区分这两个世界了。

经典力学给我们描绘了一个“确定、连续的”宏观世界。不少人开始认为，经典物理学已日臻完善，任何物体现在的运动状态，都是过去运动状态的延续。

即便在热量辐射实验上和在光学实验上，遇到了实验结果与理论不一致的问题，著名物理学家开尔文勋爵（威廉·汤姆逊）仍乐观地认为，这只不过是“在物理学阳光灿烂的天空中飘浮着两朵小乌云”而已，问题会很快得到解决。

德国物理学家普朗克研究的正是两朵小乌云中的一朵——热量辐射问题。他在努力了6年之后，不得不小心翼翼地提出了一个大胆的设想：能量是不连续的，是一份一份地传输的。

于是，他把不连续的、一份一份传输的能量最小单位称为“量子”。

二、什么是波粒二象性

紧接着，1905 年，爱因斯坦借鉴了普朗克量子的想法，运用量子理论成功解释了“光电效应”——就是光照射到金属上，可能会引发电流的现象。

他认为光本身并不连续，而是由一个个叫光子的微粒组成的。也就是说，光是粒子！

而早在 1800 年前后，英国医师、物理学家托马斯·杨通过光的双缝干涉实验，证明了光是一种波。后来，麦克斯韦方程组又进一步明确了光是一种电磁波。

原来，光具有波动和粒子的双重性质——波粒二象性！

波粒二象性就像不同角度观察同一件物体那样，可以看到两种迥然不同的样貌。

1924 年，法国物理学家德布罗意提出了“物质波”假说：一切物质都具有波粒二象性。三年后也就是 1927 年，两个独立的电子实验，证实了德布罗意的理论是正确的。

一切物质都具有波粒二象性，这听起来令人难以置信，但它却是量子力学中最普遍的现象之一。

三、玻尔模型与不相容原理

1913 年，丹麦的物理学天才玻尔对围绕原子核运动的电子轨道进行了量子化解释，即电子只能释放和吸收特定的能量，从而“跃迁”到特定的轨道上运行。这个原子模型就是著名的“玻尔模型”。

电子从高能轨道掉落到低能轨道时，原子发射光子；电子从低能轨道跃迁到高能轨道时，原子吸收光子。

“玻尔模型”构建的原子明明是空的，可是由它组成的物体既不能彼此穿越过去，又不会碎裂坍塌下来，这到底是为什么呢？

这引起了德国物理学家泡利的思考。

泡利喜欢跳舞，男士和女士都是一对一地结伴跳舞，由此他得到启发：一个氢原子核周围只能有一个电子，另一个电子根本进不去。这就是著名的“泡利不相容原理”。

两个原子就像两个跳舞的圈子一样，势必相互排斥，

不会完全靠近，更不可能相互融合或穿越。这就解释了为什么悬空排列的原子能够保持稳定，并且能够保持一定的体积。

可是，这样的原子不是一盘散沙了吗？

物理学家费米和戴森先后对泡利不相容原理做了补充和完善。

费米认为，电子都是一样的，原子之间有分享电子和原子核的可能，并在原子之间产生了一种吸引力，这种吸引力叫作化学键。由于化学键的存在，物体保持住了各自的形状!

戴森则证明了原子核一定会与电子配成一对，从而形成原子。这就彻底回答了物质为什么不会塌陷的问题。

量子世界存在着无形的“弹簧”（不相容原理）和“皮筋”（化学键），这就是物质得以稳定的两股神奇的力量!

四、不确定性原理

在宏观领域，我们经常用到各种精确的测量。比如，火箭的发射、飞船的入轨等。

这些测量的主要手段是雷达的“电子眼”，也就是利用光（电磁波）的反射原理来“看见”目标物体。

可是，到了微观领域，精确测量就比较困难了。

德国物理学家海森堡发现：微观粒子动量的测量误差（Δp）和位置的测量误差（Δx）的乘积大于等于某个数值！

也就是说，如果将动量测量得很准，说明动量的测量误差（Δp）小，那么位置的测量误差（Δx）就必然大；反之，也是如此。

海森堡意识到：电子的动量、位置根本不能同时被测量到！这不是因为实验存在误差，而是单从理论上就决定了我们能观测到什么，不能观测到什么。

于是，1927 年海森堡发表了他著名的“测不准原理”，又叫“不确定性原理”。

很快，海森堡又发现了更加惊人的事实：能量和时间也是一对测不准的物理量！能量测得越准，时刻就越模糊；而时刻测得越准确，能量就越会起伏不定。

在平静的宇宙真空中，能量或虚粒子会在极短的时间内出现和消失，就像海面上的泡沫一样。

原来，不确定性原理普遍存在于宇宙之中！

五、叠加态与量子纠缠

电子既然测不准，那么它以什么样的形态存在呢？

1926年，奥地利物理学家薛定谔提出了著名的波动方程，他认为电子是一个波，像云彩一样在空间四周扩散。

而德国物理学家玻恩则认为，电子本身并不会像波那样运动，它看起来像波实际上是它在不同位置出现的概率分布。这意味着电子同时存在于多个位置！这种奇特的现象被称为叠加态。

让人震惊的是，在双缝实验中，即便只发射一个电子，它也会“同时通过两条缝”，最终形成干涉图样。

这是因为电子在没有被观测时，处于一种叠加态，可以同时“走两条路”。只有当我们进行测量时，电子才“决定”走哪条缝，这就是量子世界中的不确定性。

1935 年，爱因斯坦与另外两位科学家提出了一个思想实验，简称“EPR 思想实验”，大意是：一个母粒子分裂成两个粒子 A 和 B，因为它们要保持能量总体守恒，因此自旋方向相反。按照玻尔的哥本哈根诠释，不管粒子 A 和粒子 B 相距多远，在观测粒子 A 的时候，粒子 B 也会立即作出反应。而按照爱因斯坦的理解，这显然是不会发生的！

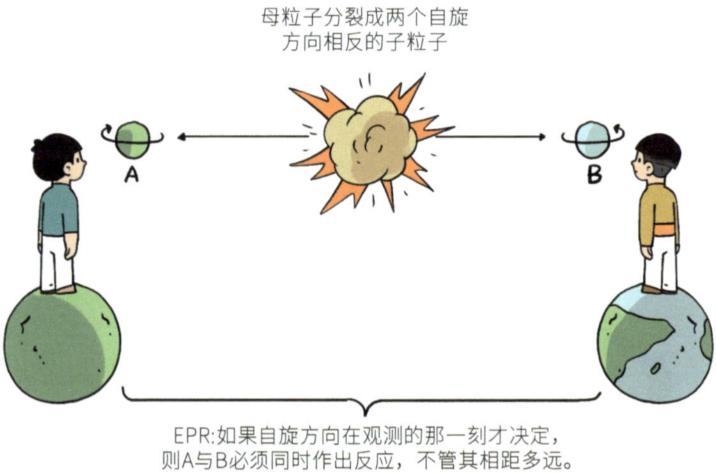

对于哥本哈根诠释中的随机性和概率分布，爱因斯坦始终难以接受，他曾说：“亲爱的上帝不掷骰子！”而玻尔也针锋相对：“别去指挥上帝怎么做！”

直到 1964 年，英国物理学家贝尔提出了著名的“贝尔不等式”。由此，这场旷日持久的争论化繁为简，变成了一个纯数学式的验证。

随后，贝尔不等式的验证结果证明了玻尔的解释是正确的：在观测之前，从母体上分裂开来的两个粒子，不论相距有多远，都处在一种“纠缠”的状态。对一个粒子的测量结果会立即影响到与之纠缠的另一个粒子的状态。这种特殊的现象，就叫量子纠缠现象。

量子纠缠现象是量子力学又一独特而神奇的现象。

六、量子技术的应用

量子力学这么奇怪，它到底有什么用呢？

比如在超市里，食品包装袋上的生产日期，以及结账时“扫一扫”二维码，都要用到激光技术，这正是量子科技的成果。

“玻尔模型”认为，电子吸收能量后，会从低层轨道跃迁到高层轨道上去，但随时又跃迁回低层轨道，并释放一个光子。这就是物体发光的科学原理。

跳水运动员一跃而下，产生水花，而电子一跃而下，则产生光！

爱因斯坦更进一步提出：如果给一个高层不稳定的电子照射一个特定频率的光子，被激发这个电子立即跃迁回低层轨道，就可以释放出一个与照射的光子完全一样的光子。

新产生的光子与原来的光子，一道再去激发其他高层轨

道上的电子，从而产生4个一样的光子，如此形成“雪崩”式的连锁反应，最终形成一束强光。钱学森先生称这束受激发而产生的光束为“激光”。

激光被誉为是最快的刀、最准的尺、最亮的光！

激光可以用于木材和金属材料的精确切割，激光切割在医疗手术上也很受欢迎。

激光可以用于导弹的制导系统，也可以用于远距离的精确测量等，还可以用于光纤通信、全息技术、激光打印机等领域。

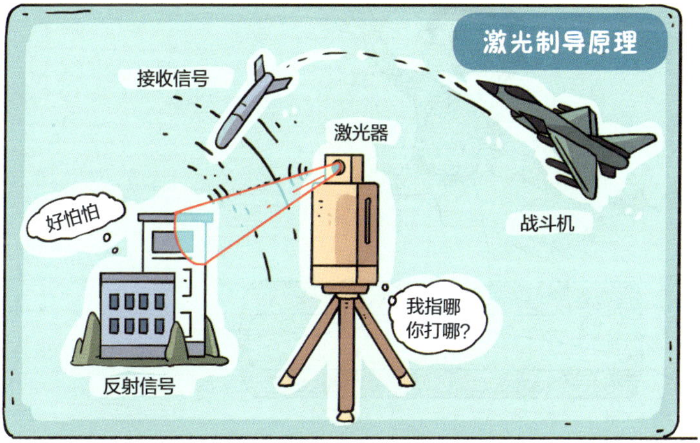

激光技术的发展带来了一种全新的信息传输方式，使得大幅提高带宽成为可能。由“0”和“1”组成的数字信号

被转换为激光信号，并通过纤细的玻璃纤维（光纤）进行传输。

光纤比人的头发丝还要细，纤芯和包层的接触面形成了激光信号的反射面，可以将激光信号限制在纤芯之中。因此，即便光纤发生弯曲，激光信号也照样能顺利传输。

另外，激光信号在光纤中传输不需要用电！

我们出远门总要用到手机导航，导航怎么那么精准呢？这离不开精度极高的原子钟。

科学家们发现，在不同的介质里，光的振荡频率都保持不变，如果能够计数这些振荡的次数，就可以把光当作时钟！

宇宙中所有的铯原子都是一模一样的，即它们发射和吸收独特的光波频率也都是一样的，因此可以用这种光建造原子钟。

从 1967 年开始，1 秒有了新的定义，即铯 -133 原子基态两个超精细能级之间跃迁对应辐射完成 9 192 631 770 次振荡所耗费的时间。这种原子钟简直精准到“变态”：连续运行几十亿年误差只有 1 秒！

除了手机导航，交流电的频率也必须依赖于铯原子钟。因此，世界上只要有插座的地方，都与量子力学有着密切

联系。

近年来，全球高端芯片的竞争越来越激烈。

芯片又叫集成电路，就是将很多微型电子元件和电路集成在一个很小的硅片上。

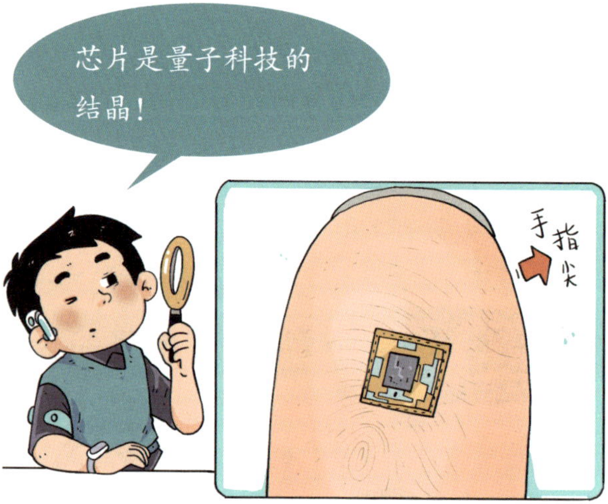

今天，智能手机上使用的芯片只有指甲盖大小，却集成了数十亿个微型电子元件——二极管和晶体管。这是人类高端制造业的皇冠明珠，也是量子力学应用的极致。

如果选用特殊的半导体材料，在二极管的结合处，电子会从高能级跌落（跃迁）到较低的能级，同时释放出光子，这就是发光二极管（LED）。

户外电子屏、电视屏、手机屏，城市夜晚的照明……都是 LED 的功劳。

还有一种特殊的明星材料，叫超导材料。

超导材料又叫超导体，是指可以在特定温度以下，呈现电阻为零的导体。

医院里的核磁共振设备，就用到了这一重要的量子效应。

另外，从医用显微内窥镜，到韦伯空间望远镜，都用到了电荷耦合器件（CCD）。CCD 利用的是光电效应的原理。

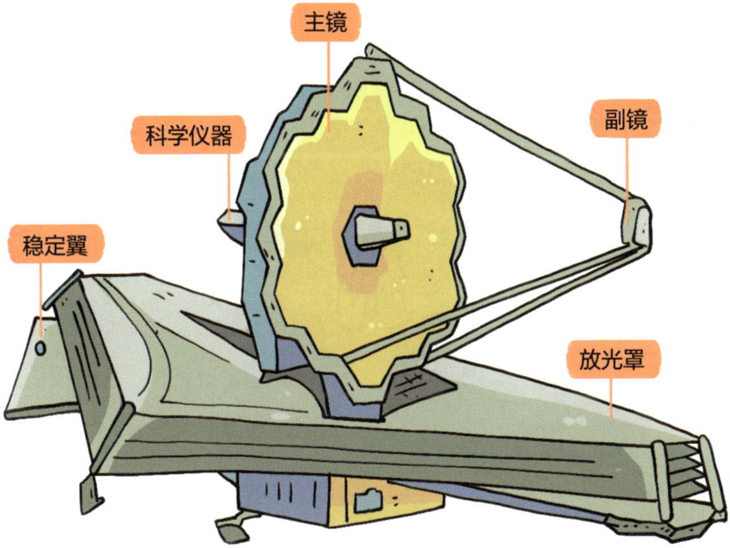

韦伯空间望远镜

七、中国量子技术的突破

当前，中国在量子计算领域的研发能力处于国际先进水平。

传统的电子计算机，每一个存储单位要么存储的是“0”，要么存储的是“1”。

假如用量子作为存储单位，情况就不同了，它有 50% 的概率存储“0”，还有 50% 的概率存储“1”。

一个量子比特（量子存储单位）可以存储 2 个数字，这种效果就是前面介绍的量子叠加效应，那么 2 个量子比特就

可以存储 4 个数字。

以此类推，当量子比特达到 30 的时候，它一次能表示的数字将超过惊人的 10 亿个！而传统的 30 个存储单位，一次仍然只能表示一个数字。可见，量子计算机的算力将是多么强大！

“九章”是中国科学技术大学潘建伟院士领衔研发的光量子计算机。2023 年，“九章三号”成功构建了 255 个光子的量子计算原型机。

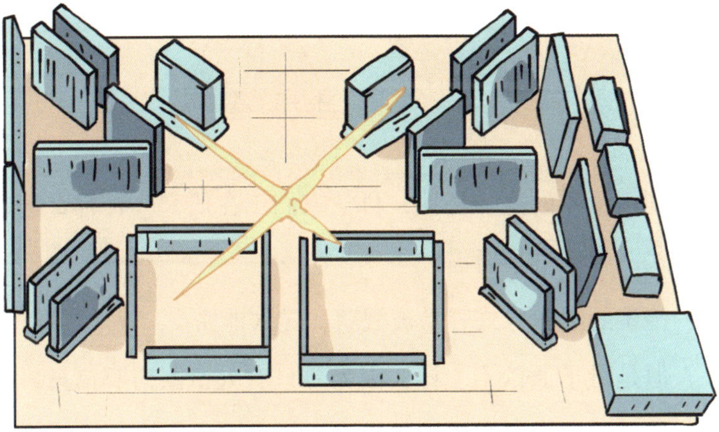

“九章三号”光量子计算机

当两个量子纠缠在一起时，它们就像是有“心灵感应”又性格迥异的双胞胎，无论它们在多远的地方，一个发生的改变都会立即影响到另一个。

利用量子的这一特性，科学家们正在研究一种神奇的通信方式，叫作量子通信!

传统的通信方式容易被截获，导致泄密。

但是量子通信不一样，因为一旦有人试图窃听信息，量子的纠缠特性就会立刻被打破，发送方和接收方就会知道有人在窃听。

我国在量子通信领域的研究一直处于领先水平。

2016 年 8 月，中国成功发射了世界首颗量子科学实验卫星“墨子号”，成为全球轰动的大事。

2022年，“墨子号”实现了1200千米量子通信的新纪录，说明中国的量子通信技术走在了世界的前列。

不过，量子通信离大规模商用还存在一段距离。

未来，量子技术将在多个领域得到广泛应用，包括药物设计、材料科学、人工智能等，从而对人类社会产生深远影响。

4

第四章

数字“金矿”

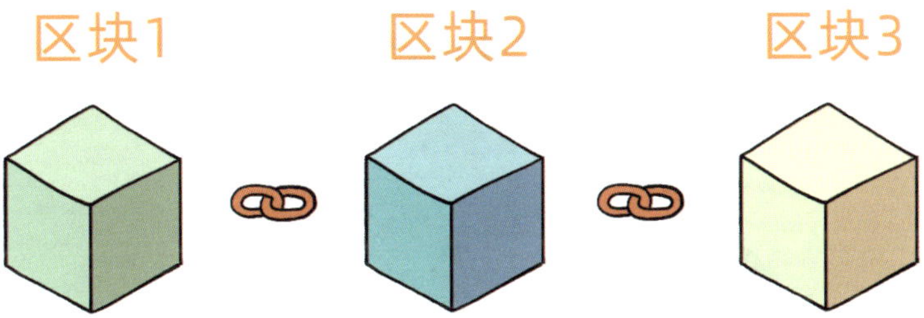

大数据、云计算、人工智能等技术的结合，使得数据成为现代社会的“金矿”。企业和政府通过数据的收集与分析，能够洞察市场趋势、优化资源配置并创新商业模式。数据不仅是未来经济的核心资源，更是推动新质生产力转型的重要因素。

一、什么是大数据

20 世纪 90 年代，随着互联网的兴起，数据量爆炸式增长，人们开始意识到传统数据处理方法无法有效应对海量数据。

于是，人们用“大数据”一词来描述这样的庞大数据。

进入 2000 年后，处理大数据的技术工具相继出现，被广泛应用于商业分析、医疗、金融、制造业等领域，推动数字经济发展。

数字经济是指依托于信息技术，利用数字化手段进行生

产、分配、交换和消费的经济形式。

过去的200多年，全球经济经历了农业经济、工业经济和信息经济的多次变革，每一次变革都带来生产力的飞跃。

而在当今的数字时代，数据已经取代了石油，被誉为“21世纪的石油”，是新质生产力的核心资源，它不仅是经济发展的基础资源，更是推动科技创新和产业变革的重要力量。

大数据具有数据量大、速度快、种类多和价值密度低的特征。

其中，数据量大，是指全球每天都有数以亿计的设备和传感器生成数据，并呈指数级增长。

速度快，是指在物联网和社交媒体的发展下，数据生成和传播的速度极快。

种类多，是指数据的种类非常丰富，既包括表格数据，也包括图片、视频、文本等。

价值密度低，是指大数据中有用、有价值的数据只占一小部分且价值非常分散。

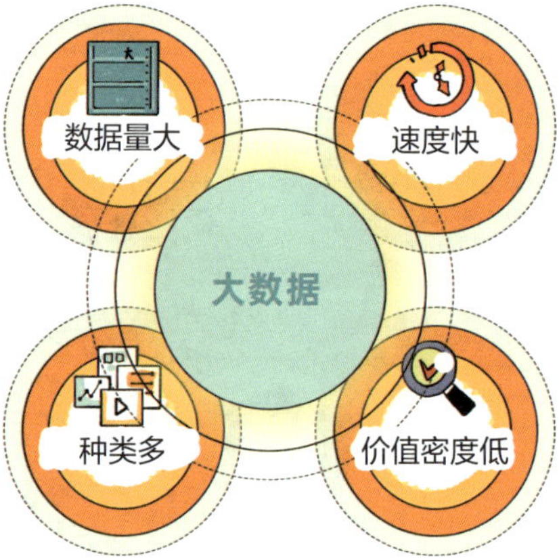

二、数据分析与挖掘技术

大数据的真正价值在于通过先进的数据分析技术，从中挖掘出有用的信息和趋势。

大数据分析技术主要包括：数据挖掘、机器学习、自然语言处理、可视化分析等。

从复杂的原始数据中找到隐藏的规律和知识，包括模式、关联和趋势等，叫作数据挖掘。

数据挖掘处理的数据庞大而复杂，数据可能是文本、图像或语音等形式，难以用传统表格表示；另外数据还会随着时间实时更新，且数据量庞大，难以用传统方法进行分析。

数据挖掘的常见算法包括分类算法、聚类算法、关联规则算法和预测模型算法等。

分类算法又包括决策树算法和支持向量机算法。

决策树算法是利用树状结构逐层划分数据集，适合逻辑清晰、特征明确的任务。例如，银行信用风险评估过程。

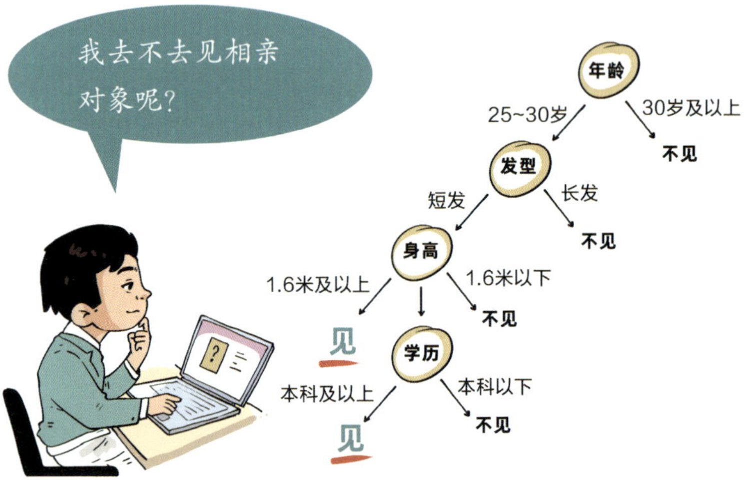

决策树算法

支持向量机算法是通过寻找数据特征，将不同类别的数据分开。例如，通过分析邮件词频、长度等特征，可以区分垃圾邮件和正常邮件。

聚类算法是通过分析数据的相似性或距离，将数据划分为自然形成的分组（即簇）。其中，K 均值聚类算法通过指定簇的数量（K 值），迭代优化每个数据点的归属，使簇内数据点差异最小、簇间差异最大。例如，市场细分或图像压缩等应用。

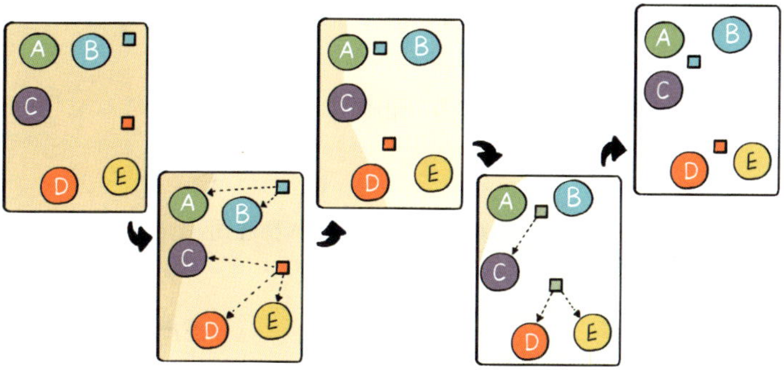

K 均值聚类算法

关联规则算法是一种用于发现数据集中项之间潜在相关性的方法，常用于分析事务性数据。Apriori 算法是其中的经典算法，可以挖掘数据之间的关联关系。

例如，在购物篮分析中，Apriori 算法可以发现“购买面包的顾客中有 70% 的人同时购买牛奶”这样的关联信息，为制定销售策略提供支持。

预测模型算法是通过分析数据中的模式和趋势，预测未来的结果。

线性回归算法是一种经典的预测模型算法，可以应用于市场趋势分析和价格预测等场景。

而神经网络算法则可以用于图像识别等领域。

预测模型算法不仅能对未来趋势作出精准预测，还为决策提供重要参考，广泛应用于金融、医疗、能源等行业。

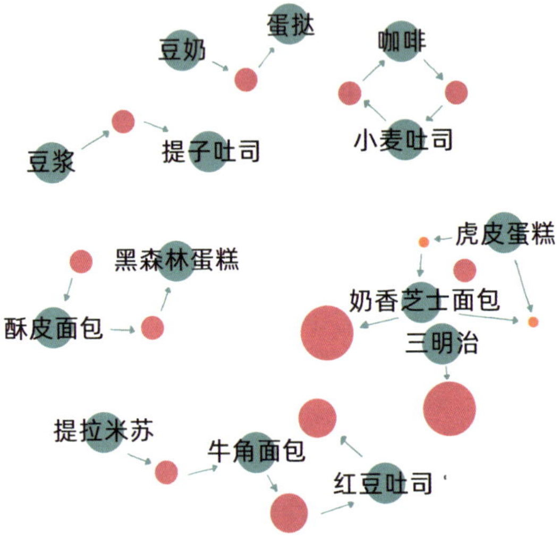

基于 Apriori 算法的购物篮分析

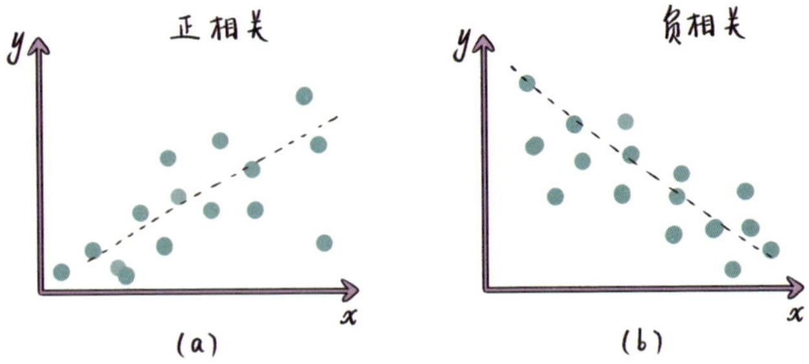

线性回归算法

数据挖掘已广泛应用于各行各业。

在电商领域，它能帮助商家优化消费者购物体验；

在金融行业，它可以进行欺诈检测和风险评估；

在医疗领域，它可以提升诊疗效率和精准度；

在制造业，它还能帮助企业降低停机时间和生产损耗。

三、大数据与 AI 的结合

大数据技术推动了 AI 的崛起。

通过处理海量数据，人工智能系统不仅能够“学习”规律，还能进行“推理”和“决策”。

机器学习是 AI 的核心算法，它能通过学习历史数据，预测未来趋势或行为。例如，自动驾驶中的障碍物识别。

深度学习是一种更为先进的机器学习方法，它在语音识别、图像识别等领域展现了超越传统机器学习算法的强大能力。

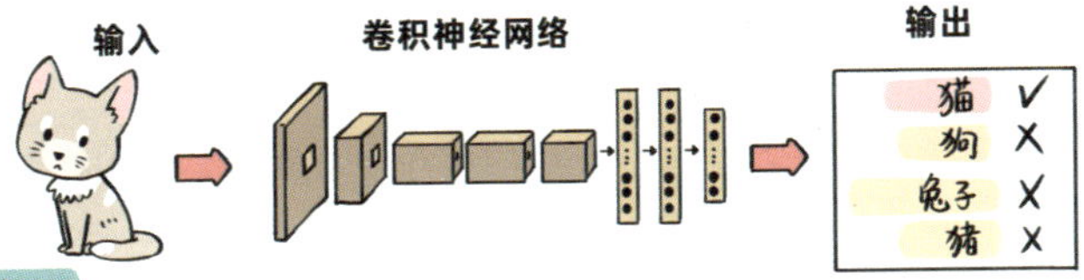

深度学习

基于模型训练的结果，AI 可以对新的数据进行推理并作出决策。

AI 显著提高了制造、物流和服务行业的效率和产品质量。

同时，AI 推动了全新商业模式的诞生，如共享经济和平台经济，改变了资源配置方式。

此外，AI 凭借大数据分析和智能算法，帮助企业和政府在市场预测、资源优化和政策制定等领域作出更加科学高效的决策。

AI 技术正以其强大的学习和判断能力，全面赋能生产、生活和社会治理的各个领域，推动新质生产力的发展和应用。

自然语言处理是一项使计算机能够理解、分析和生成人类自然语言的技术。它涵盖了语音识别、文本分类、情感分析、机器翻译等多个领域。

作为人工智能的重要分支，自然语言处理在智能客服、搜索引擎、翻译工具和内容推荐等场景中发挥了重要作用，显著提升了人与机器的交互效率和体验。

可视化分析是一种通过图形化呈现数据的方法，将复杂的数据和分析结果转化为直观的视觉形式，如图表和仪表盘等。

人工智能赋能各行各业！
AI

语义搜索
聊天机器人
临床决策支持
知识图谱
计算知识引擎
私人助理
穿戴设备
出行助手

自然语言处理太
有用了！

四、大数据推动了新兴技术的发展

结合区块链、物联网、数字孪生、数字货币等新兴技术的发展，大数据发挥着越来越重要的作用。

1. 区块链

区块链技术是一项革新性的数字工具，每个区块都和前一个区块紧密相连，形成了一条不可篡改的数据链。

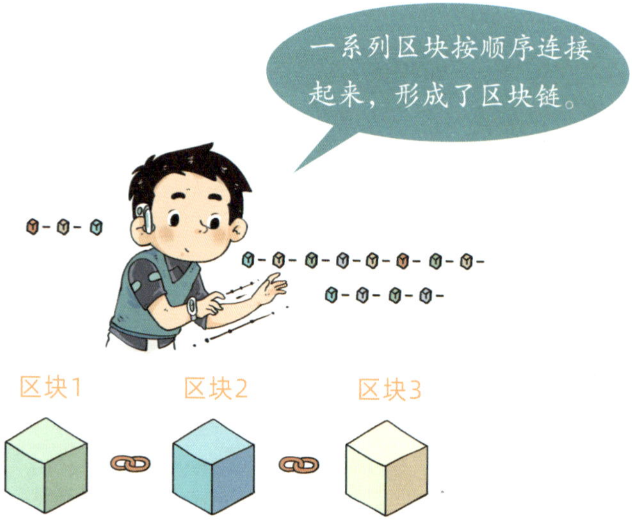

区块链本质上是一个去中心化的分布式账本，即网络中每一个节点都拥有同样的记录。

区块链的核心特点包括：

一是去中心化，即没有一个中央服务器。

所有节点都可以访问到同样的数据副本，即使某些节点失效，系统仍然可以正常运作。

二是不可篡改性。一旦某个区块被添加到链上，数据就会被加密，无法再被篡改，确保了数据的完整性和真实性。

三是透明性与隐私保护。区块链上的数据是公开可见的，任何人都可以查看交易和记录，但区块链也能够通过加密技术保护个人隐私。

传统方式下，记账的账本由一个人保管（中心化），如果这个人改了账本，大家可能都不会知道。

但如果将账本分发给所有人，每人都有一份（区块链的去中心化），任何人想改账本，其他人都能发现问题。同时，账本用密码保护（不可篡改性），即使公开“借款记录”，显示的也只有加密的地址（隐私保护），看不到谁借给了谁。

因此，区块链成为一种安全、可信且高效的数据管理方式，已被广泛应用于金融、供应链、医疗等领域。

2. 物联网

随着物联网技术的快速发展，世界逐渐进入了一个“万物互联”的时代。

物联网是指通过互联网把现实世界中的各种设备和物品连接起来，使它们之间能够相互交换数据。

“物”可以是任何物理实体，包括家用电器、车辆、可穿戴设备、工业设备，甚至是建筑物和城市设施。

物联网设备一般要具备传感器、网络连接和数据处理与执行三个核心要素。

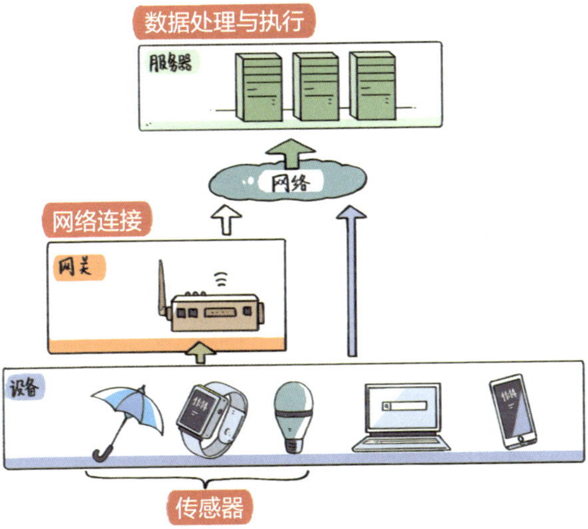

物联网的三个核心要素

传感器可以测量温度、湿度、光线、位置等信息，通过无线网络或有线网络，将采集到的数据传输到云端或其他设备上，再通过内置的算法进行数据处理和分析，进而自动执行相应的操作。

物联网技术在推动新质生产力中发挥着关键作用，通过连接设备和智能化管理，实现了从数据采集到决策执行的闭环管理，大幅提升了生产力。

未来，物联网设备将更加智能化、低能耗，并具备更强的自学习能力。

3. 数字孪生

数字孪生技术是指利用物联网、传感器、人工智能等技术，创建与物理实体高度一致的虚拟模型。

通过不断地从现实世界中采集数据，虚拟模型可以实时更新并动态反映物理实体的状态和变化。也就是说，数字孪生是一个与现实同步运行的动态数字化镜像。

数字孪生技术一般由物理实体、虚拟模型和数据传输三部分组成。

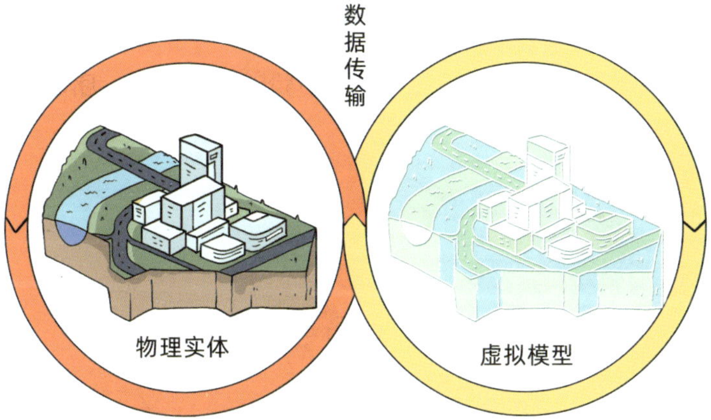

其中，物理实体指现实中的设备、设施或系统。

虚拟模型指在计算机中构建出的一个与物理实体完全对应的虚拟复制品。同时，物理实体通过传感器等设备实时收集数据，传输给虚拟模型，使其能够不断更新，以反映物理实体的实时状态。

数字孪生技术通过高度的数字化和实时性，实现物理实体与虚拟模型的无缝连接。

在制造业，数字孪生技术被用来实时监控设备状态、发现潜在问题并模拟生产方案，优化效率并减少停机时间。例如，波音公司利用该技术提升飞机制造的效率和安全性。

在智慧城市建设中，数字孪生技术通过对基础设施的数字化建模，帮助城市管理者实时监控交通流量和能源消耗，实现资源优化分配。新加坡率先搭建了“虚拟新加坡”平台，用于城市规划、维护和灾害预警项目。

在医疗健康领域，数字孪生为患者制订个性化治疗计划、模拟治疗效果并监测健康状况，帮助医生预防和提前发现问题。

在航空航天领域，数字孪生技术通过实时监控和故障预测提升飞行器的安全性和可靠性。

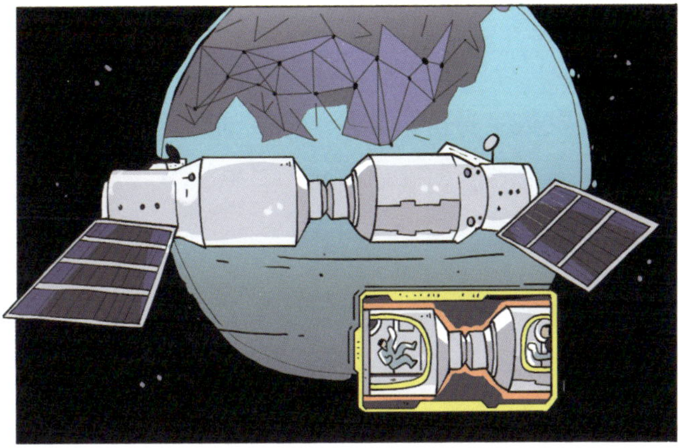

数字孪生技术在航天领域的应用

未来，虚拟现实（VR）和增强现实（AR）技术的结合，将使数字孪生技术实现更加直观和更好的互动。

4. 数字货币

数字货币是指以数字形式存在的货币，它通过密码学技术确保交易安全性和数据完整性。

数字货币分为法定数字货币和加密货币两大类。

法定数字货币是由中央银行发行的数字货币，旨在提高支付效率和金融包容性。例如，中国的数字人民币。

而加密货币则是基于区块链技术，由市场参与者创建和流通的数字资产。加密货币具有较高的匿名性和全球流通性。例如，比特币、以太坊等。

数字货币已广泛应用于跨境支付、去中心化金融（DeFi）、资产代币化及数字身份验证等场景，通过低成本和高效率的服务方式推动了金融领域的创新。

五、数字化转型与新质生产力

传统企业进行数字化转型是应对市场变化、满足客户需求和保持竞争力的必然选择。

数字化转型可以帮助传统企业优化业务流程，提高效率并降低成本。

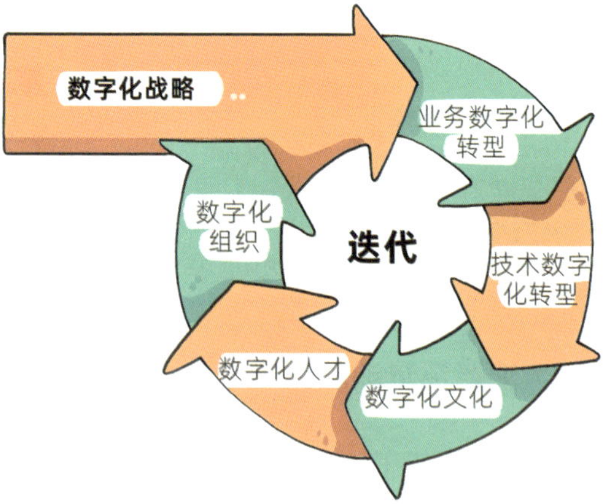

传统企业数字化转型的路径

通过大数据和人工智能增强决策能力，实现精准营销和资源配置；通过在线服务和个性化体验满足消费者对便捷、高效和多样化服务的需求。

同时，数字化转型还为企业创造新的商业模式和增长机会，推动其从传统的生产和服务模式向智能化、创新驱动的方向发展。

数字化转型不仅为企业带来了巨大机遇，也是推动新质生产力发展的重要力量。

不过，大数据既带来了机遇，也伴随着风险。

在企业层面，大数据的集中化和敏感信息的暴露可能使

企业面临数据泄露等风险。

在国家安全层面，数据滥用、网络攻击等行为可能威胁国家网络空间主权和基础设施安全。

5

第五章

逆天的生物技术

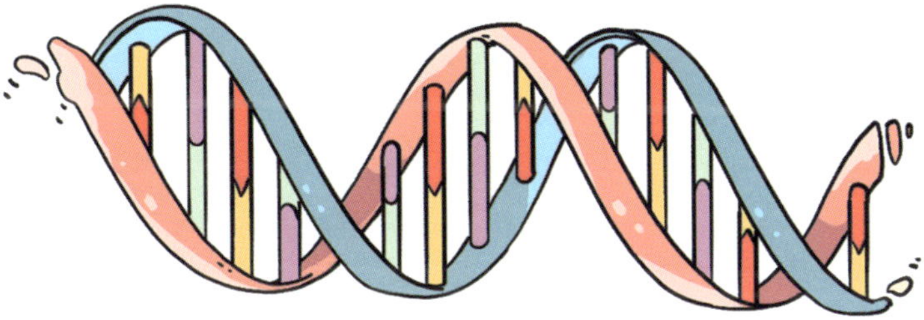

从基因编辑到合成生物学，从精准医疗到再生医学，生物技术正在引发医疗健康、农业生产乃至环境保护等领域的深刻变革。这些技术不仅提升了人类对生命的控制力，也为解决全球性问题提供了创新方案，从而推动着新质生产力的发展。

一、遗传定律的发现

生物技术涉及基因工程、细胞技术、酶技术等多种应用。

近年来，生物技术的迅猛发展不仅推动了科学研究的进步，也在医学、农业、环保等多个领域引发了深远的变革。

然而，这些惊人的进步，不过开始于100多年前。

1859年，在经历了为期5年的科学考察，然后又进行了20年的实验、整理和思考后，达尔文出版了那本震惊世界的著作——《物种起源》，并提出了以“物竞天择，适者生存”为核心思想的进化论。

然而，达尔文的进化论并没有解释“一母生九子，连母

十个样”的现象：为什么有些性状能够稳定遗传，而有些则只出现一次就消失不见了呢？

直到 1865 年，一位叫孟德尔的奥地利修道院神父发现了了不起的“遗传定律”！

在经过 8 年漫长的豌豆种植实验和思考后，孟德尔终于总结出了基因分离定律和基因自由组合定律，由此奠定了现代遗传学的基础。

后来，孟德尔还发现了一种叫作“遗传因子”的物质。

1909 年，美国实验胚胎学家、遗传学家摩尔根发现了遗传学的第三大定律，即基因的连锁与交换定律。它解释了某些性状常常一起遗传的原因，并揭示了遗传多样性产生的机制。

到了 20 世纪，孟德尔所称的遗传因子又被重新命名为“基因”（gene）。

基因，即携带遗传信息最“基”本单元的“因”子。基因极其微小，排列在 DNA 上，它通过指导蛋白质的合成来复制遗传信息，并将其传递给下一代，从而使后代呈现出与上一代相同或相似的某种特征。

二、优美的双螺旋

20 世纪 40 年代，艾弗里的肺炎双球菌转化实验，第一次证明了 DNA 是遗传物质。

作为几乎所有生物的遗传密码，DNA 的重要性毋庸置疑。然而大自然就是这么神秘又神奇，构成 DNA 的只有区区四个叫作“碱基”的基本构件，分别是 A（腺嘌呤）、C（胞嘧啶）、G（鸟嘌呤）、T（胸腺嘧啶）。

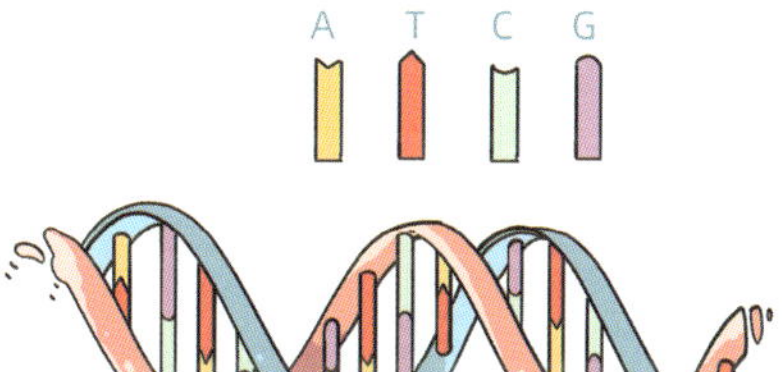

DNA 双螺旋模型

1953 年，DNA 优美的双螺旋结构被发现，美国分子生物学家詹姆斯·沃森和英国生物物理学家弗朗西斯·克里克提出了 DNA 双螺旋模型。

DNA 长链遵循着配对规则：碱基 A 总是与碱基 T 配对，而碱基 C 则一定要和碱基 G 配对。

DNA 不会直接指导蛋白质的合成，而是先转录出信使 RNA，再由信使 RNA 制造出最终的蛋白质。

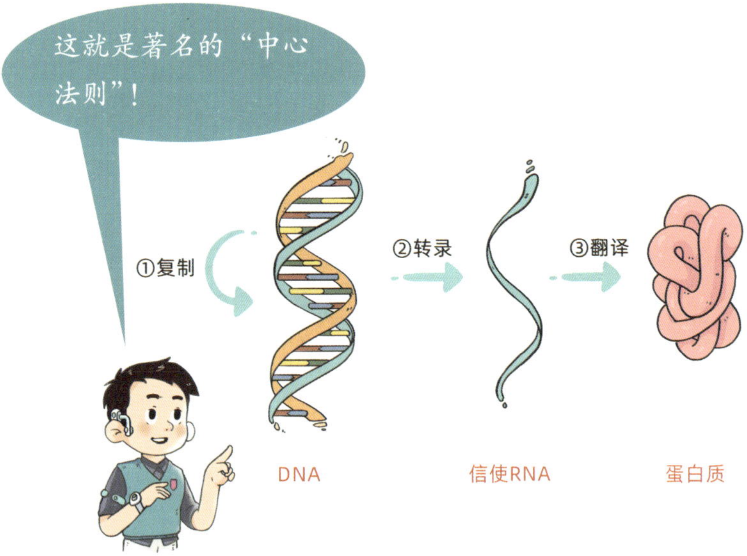

过程①表示 DNA 可以自我复制；过程②表示 DNA 储存的遗传信息可以转移至信使 RNA 中保存，这个过程叫作转录；过程③表示信使 RNA 保存的遗传信息最终会以蛋白质的形式出现，这个过程叫作翻译。

从 DNA 到信使 RNA 再到蛋白质的遗传信息流动规律，就是著名的“中心法则”。

人类与黑猩猩的 DNA 碱基序列的相似性高达 98.6%。即便是八竿子打不着的香蕉，与人类碱基序列的相似性也接近 50%！

两个人之间 DNA 的相似度就更高了，在看似无穷无尽的 30亿碱基对长链中，大约每隔1000个字母才有一个字母不同。就是说，人类个体彼此之间的基因差别仅有 0.1% 左右。

三、基因工程的崛起

20 世纪 60 年代，比利时生物学家马克 · 范 · 蒙塔古发现了天然的植物转基因工程师——农杆菌，这种微生物具有将自身 DNA 片段（基因）导入到植物 DNA 中的独特能力。

农杆菌的这种导入基因的方法给科学家们带来了灵感。

1972 年，美国生物化学家保罗·伯格，创造了首批重组 DNA 分子，标志着基因工程技术的诞生。

1973 年，美国生物学家斯坦利·科恩和赫伯特·波伊尔创造出第一个转基因生物，这是一种经过基因改造的新型大肠杆菌。他们的工作开启了转基因技术应用的序幕。

将通过人工分离和修饰的基因导入到生物体基因组中的技术，就叫转基因技术。

20 世纪 80 年代后，转基因技术陆续在医药、农作物改良和食品等领域得到广泛应用。

1978 年，科学家们通过大肠杆菌生产出了胰岛素，世界上第一个基因工程药物诞生。

1994 年，美国市场上出现了第一款转基因食品——保鲜番茄。这种番茄的 DNA 中转入了抵抗过度腐烂的基因，从而延长了其在货架上的陈列时间。

2015 年，转基因三文鱼首次在美国市场销售。

四、克隆与干细胞技术的应用

嫩枝的扦插英文叫“clone”，发音“克隆”。这种无性繁殖就是由母体的一部分直接形成新个体的繁殖方式，因此遗传物质完全相同。

植物的克隆现象较为常见，人们可以利用这种方式将优良的作物品种扩大种植并长期保留。

然而，对于动物，特别是高等动物，每一个体细胞在功能上已经高度分化了，比如已经变成了皮肤细胞、肝细胞等。这些细胞无法像卵细胞一样有着分化的无限可能，就只剩有性繁殖一种选项。

真正让动物克隆技术家喻户晓的事件是克隆羊多莉的诞生。

1996 年 2 月，英国《自然》杂志公布了名为多莉的克隆雌性绵羊，它完全继承了提供细胞核的那只母羊的遗传基因。

多莉的成功，鼓舞了全世界的科学家们，克隆哺乳动物如同雨后春笋般纷纷涌现：克隆鼠、克隆牛、克隆兔、克隆猪……2017 年年底，克隆猴在中国诞生。

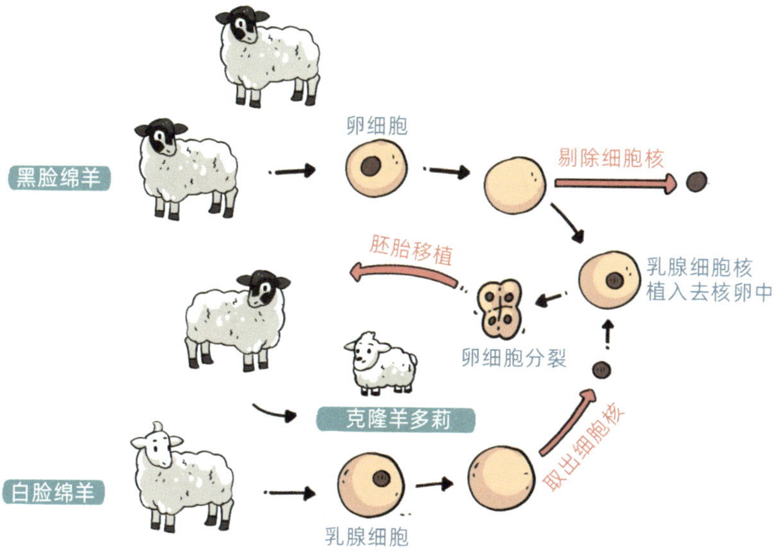

克隆羊多莉的培育过程

与体细胞不同，干细胞是人体中尚不成熟的细胞，具有再生各种人体组织器官的潜在功能。

干细胞通过分化为特定类型的细胞，能够修复受损的组织和器官。

通过患者自身的干细胞进行治疗，不仅可以避免免疫排斥反应，还能实现个性化治疗。

2013 年，美国的科学家团队利用人类干细胞，成功地培育出了心脏组织，包括心肌细胞和血管细胞。

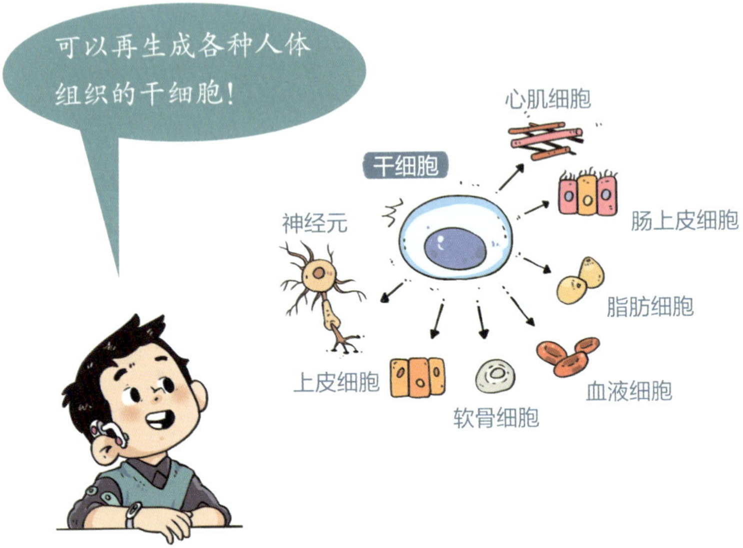
可以再生成各种人体组织的干细胞！
干细胞
心肌细胞
肠上皮细胞
神经元
脂肪细胞
上皮细胞
软骨细胞
血液细胞

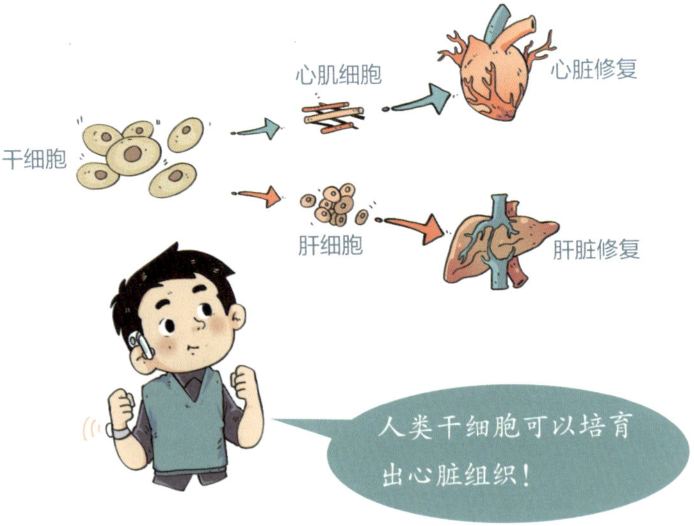
干细胞
心肌细胞
心脏修复
肝细胞
肝脏修复
人类干细胞可以培育出心脏组织！

五、基因编辑技术的突破

早在 1993 年，西班牙科学家弗朗西斯·莫希卡（Francisco Mojica），在完全不同的两种细菌的 DNA 里发现了一种奇怪的重复基因序列——CRISPR。

2007 年，科学家们终于搞明白：细菌被病毒感染后，存活下来的细菌就会保留一小段病毒的基因片段，并整合到自己的 CRISPR 序列之中，从而具备了免疫能力。

2011 年，美国分子生物学家珍妮弗·杜德纳（Jennife Doudna）与法裔瑞典微生物学家埃玛纽埃勒·沙尔庞捷（Emmanuelle Carpentier）开启了历史性的合作，揭开了细菌适应性免疫的运行机制。

每当细菌受到病毒的入侵后，存活下来的细菌，就将CRISPR连同一段病毒DNA整合到自身的染色体上，同时生成一对“免疫搭档”：一种Cas9蛋白和RNA分子。

当相同的病毒再次入侵时，这对搭档能够根据自身染色体上的CRISPR中病毒DNA片段，精准识别这种病毒，完成免疫工作。因此，它被称为“CRISPR/Cas9系统”。

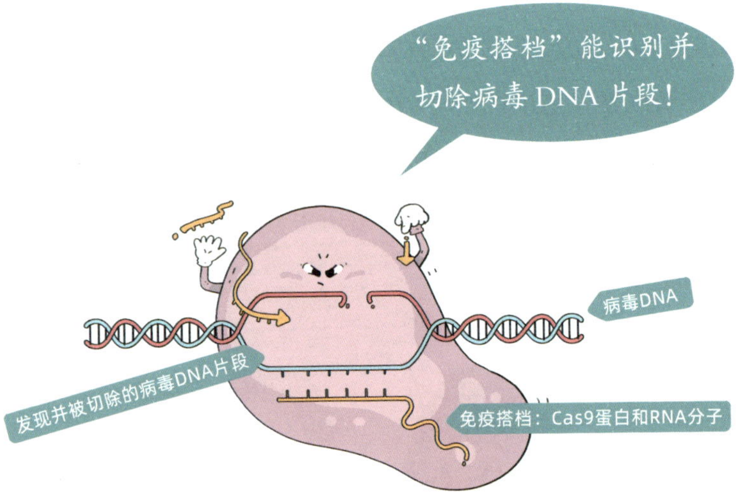

2012年，CRISPR/Cas9系统被证明可以作为最新一代的基因编辑工具。

科学家想切割某段DNA片段，就可以将它设计到向导RNA中，然后让Cas9蛋白去切割目标DNA。

目前，基因编辑技术变得越来越精准，甚至可以替换一

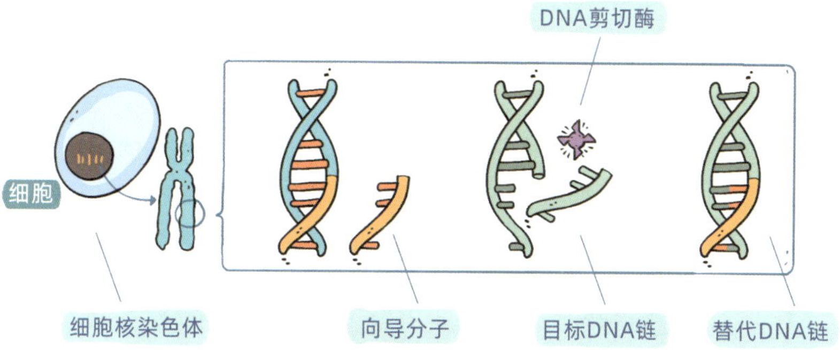

基因编辑的过程

个碱基！

一旦基因编辑成功地修改了 DNA，改变将是永久的。因此，人类获得了修改“生命密码”的能力！

六、基因编辑技术的应用

1. 异种器官移植

基因编辑技术虽然不能直接用于人类胚胎细胞的编辑，但在医学上仍具有广阔的应用前景。

为了挽救患者的生命，患者的脏器有时必须进行器官移植。然而，大部分患者都在等待捐赠者的器官中抱憾离世。

假如不依赖于人类器官，而改用动物的器官呢？

猪的器官在大小和结构上与人体接近，生理上也相似。因此，如果异种器官移植可行，那么猪无疑就是最佳之选了。

然而，几乎所有的哺乳动物的 DNA 中都潜伏着病毒基因。这些病毒长期“潜伏”，也被称为休眠病毒。

因此，接受猪脏器移植手术后的患者，很可能会被这些病毒感染。

2017 年，美国的基因工程学家乔治·丘奇教授的科研团队利用基因编辑技术，基本切断了病毒从猪细胞传播到其他细胞的可能性。

2022 年 1 月，美国马里兰大学医学中心完成了世界首例猪心移植手术。一位 57 岁男性患者的心脏被经过基因编辑的猪心成功替换了。

2024 年 5 月，安徽医科大学完成了全球首例异种肝脏移

植手术，将一颗经基因编辑后的猪肝脏移植给了 71 岁的男性肝癌患者。

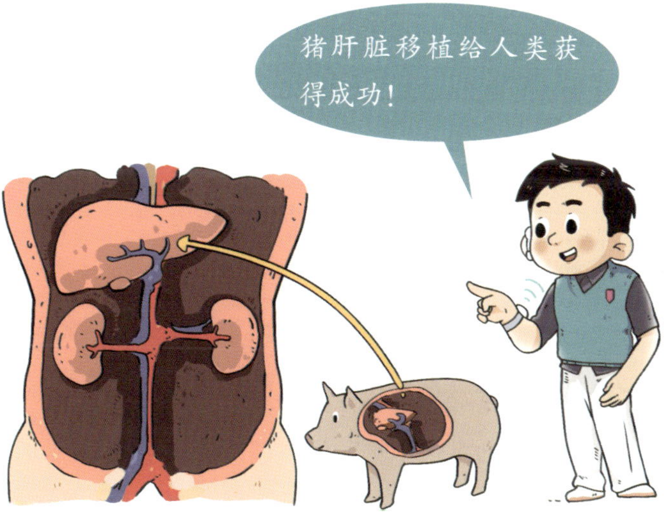

2. 基因编辑 T 细胞

2016 年，四川大学的科研团队使用基因编辑技术对 T 细胞进行基因编辑，用于治疗一种肺癌。

T 细胞是淋巴细胞的一种，在免疫过程中扮演着重要的角色。

研究人员提取患者的 T 细胞，利用基因编辑技术敲除掉一个抑制 T 细胞攻击癌细胞的基因。编辑后的 T 细胞（CAR-T 细胞）被回输到患者体内，增强了患者的免疫系统对抗癌细胞的能力。

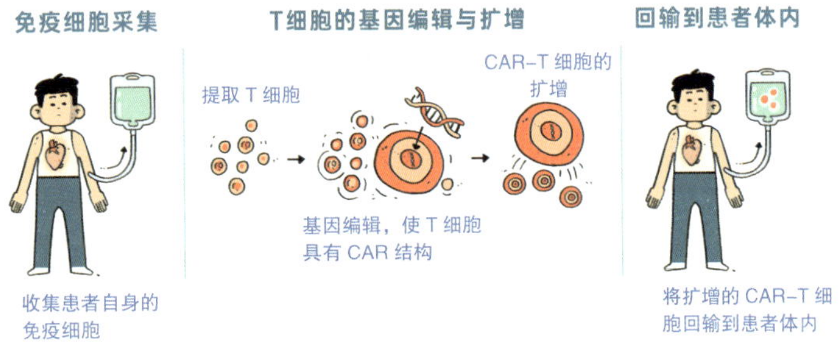

基因编辑 T 细胞用于癌症治疗

3. 合成生物学

基因编辑技术还催生出了一门新兴的学科——合成生物学，即通过组合和重组生物元件，创造出新型的生物功能。

科学家们能够设计合成微生物，生产复杂的药物分子或治疗蛋白，提高药物的生产效率和质量。此外，合成生物学还可以用于开发新的疫苗和诊断工具。

通过合成生物技术，科学家可以创造出抗病、耐旱和营养强化的农作物，还可以设计出用于降解污染物的微生物，来改善生态环境。

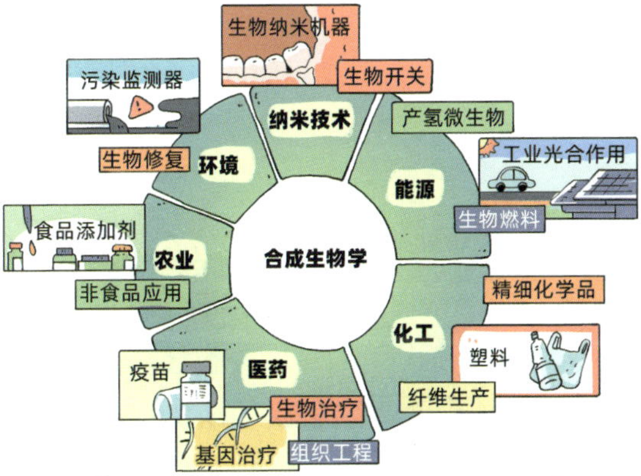

七、生物技术推动新质生产力发展

随着计算机科学和信息技术的快速进步，又产生了一门交叉科学——生物信息学，即用计算方法和数据分析技术来解决生物学问题。

在基因组学领域，通过分析基因组序列，生物信息学为个性化医疗和精准治疗提供了重要基础。

在蛋白质组学领域，利用生物信息学工具，研究者可以解析蛋白质的结构与功能，揭示其在生物体内的作用。这对新药开发和疾病机制研究至关重要。

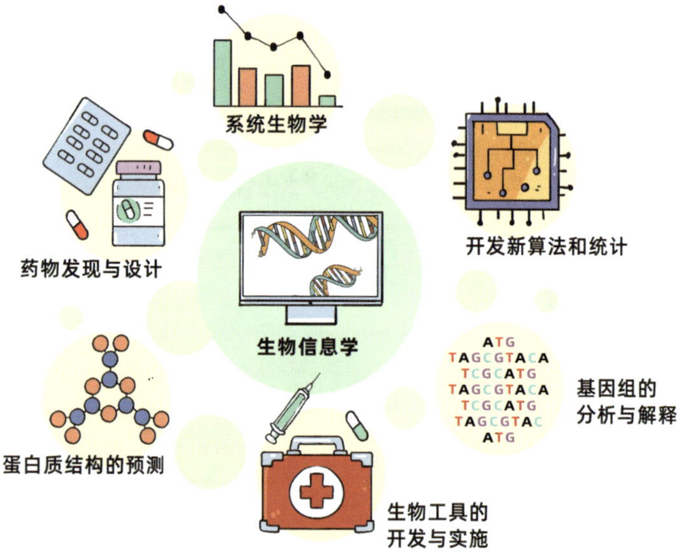

在药物发现与设计领域，生物信息学在药物研发过程中，帮助筛选潜在的药物靶点，分析药物与靶标的相互作用，优化药物设计，提高研发效率。

在系统生物学领域，生物信息学通过整合不同层次的数据（如基因组、转录组和代谢组），构建系统生物模型，深入理解生物系统的复杂性和动态变化。

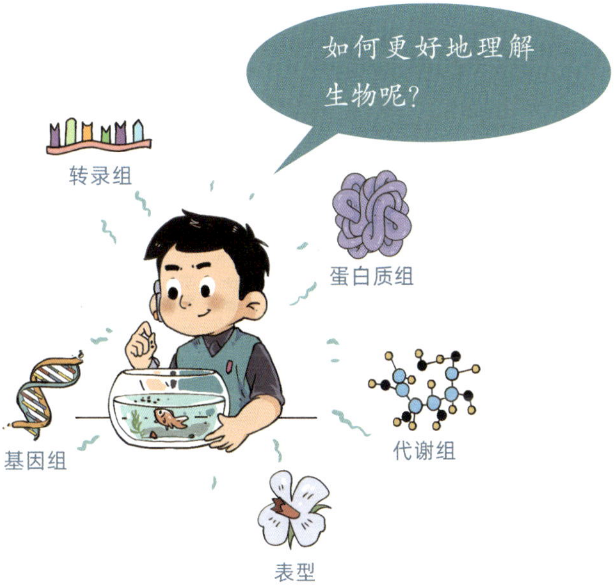

随着人工智能、深度学习等新信息技术的不断应用，生物信息学有望在数据分析、预测模型构建和个性化医疗等方面取得更大的突破。

总之，生物技术正在推动着医疗、农业、环境保护和工业制造等领域的创新和发展。

特别在医疗领域，生物技术通过生物药物、基因治疗、再生医学以及精准医疗等科技手段，为人类的疾病治疗和寿命延长带来了希望。

另外，转基因作物和基因编辑技术提升了作物抗性和生产力，推动了可持续农业发展；生物修复技术利用微生物和植物降解污染物，有效治理土壤和水体污染，并推动了绿色生产方式的发展。

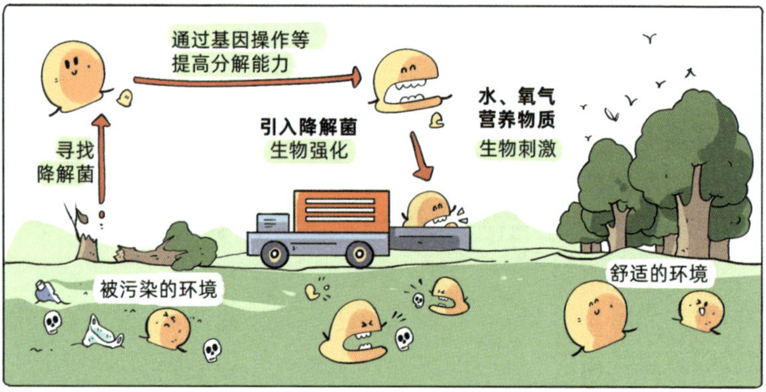

生物修复

这些技术的应用为新质生产力的发展提供了新动力。

6

第六章

绿色能源与储能技术

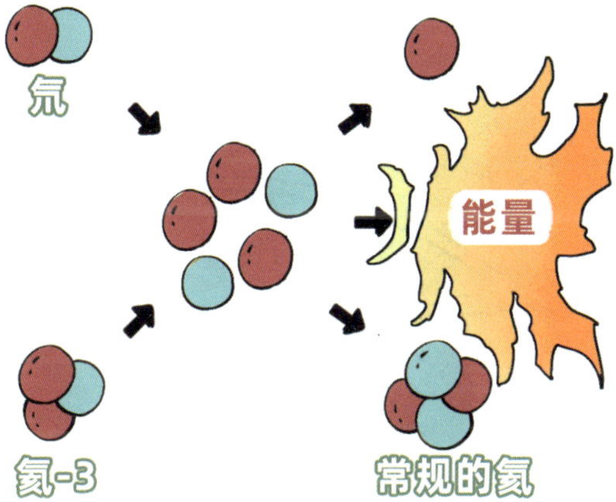

太阳能、风能、氢能等绿色能源的利用，不仅减少了人类对化石燃料的依赖，还为改善环境污染问题提供了创新方案。而储能技术的突破，为能源的高效利用奠定了基础。因此，绿色能源与储能技术在助力能源结构转型的同时，也推动着新质生产力的形成和发展。

一、化石能源的危害

自地球形成以来，二氧化碳就存在于大气中。

射向地球表面的阳光，会被反射到太空，此时有一部分能量会被二氧化碳等气体吸收，再释放回来，使得地表温度逐渐上升。这个过程就像一个大温室所形成的保温效果，因此被称为“温室效应”。

温室效应

1. 引发温室效应

第一次工业革命前，大气中的二氧化碳浓度是很低的，约为大气总量的 0.028%。

随着化石燃料的大量燃烧，二氧化碳浓度数值已经比第一次工业革命前增加了约 50%。

发生在地球大气层中的温室效应，可能会引发哪些后果呢?

一是全球变暖。相比于工业化前，地球平均气温已升高约 1.1℃，并可能在 21 世纪末上升 1.5℃或更高。这会导致热浪、干旱、暴雨和洪水等极端天气频发；也会导致冰川及冰盖的加速融化、全球海平面上升等。

二是生态系统破坏。气候变化对生物栖息地造成巨大压力，导致许多物种面临灭绝威胁。

三是农业和食品安全受到威胁。气候变化引发的不稳定天气和温度上升，影响了农作物的生长周期，导致粮食产量减少。

四是造成公共健康问题。气候变暖可能扩大某些传染病传播的地域范围，增加呼吸系统疾病的发病率。

2. 造成环境污染

煤和石油的燃烧，还会产生一氧化碳、二氧化硫、氮氧化合物、碳氢化合物等有害气体，以及烟尘颗粒物等其他污染物。

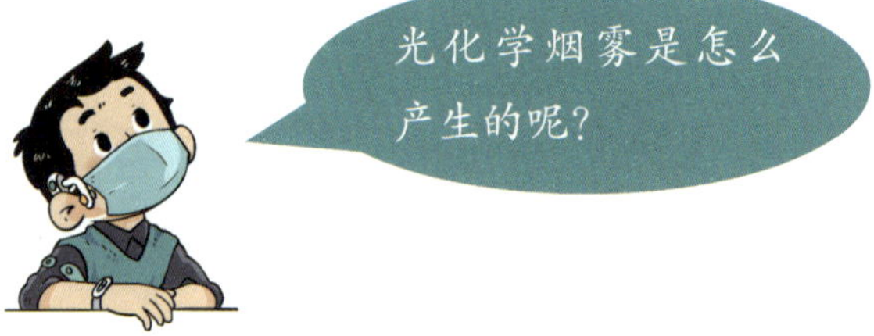

在阳光的照射下，尤其是紫外线强烈时，氮氧化物和挥发性有机化合物发生一系列复杂的光化学反应，并与空气中的颗粒物混合，形成类似烟雾的污染物，称为“光化学烟雾”，从而形成雾霾。

我们经常听到的 $PM_{2.5}$，是指空气中直径小于或等于 2.5 微米的颗粒物，可以通过呼吸，深入人体的呼吸系统，甚至进入肺泡，造成严重的健康问题。

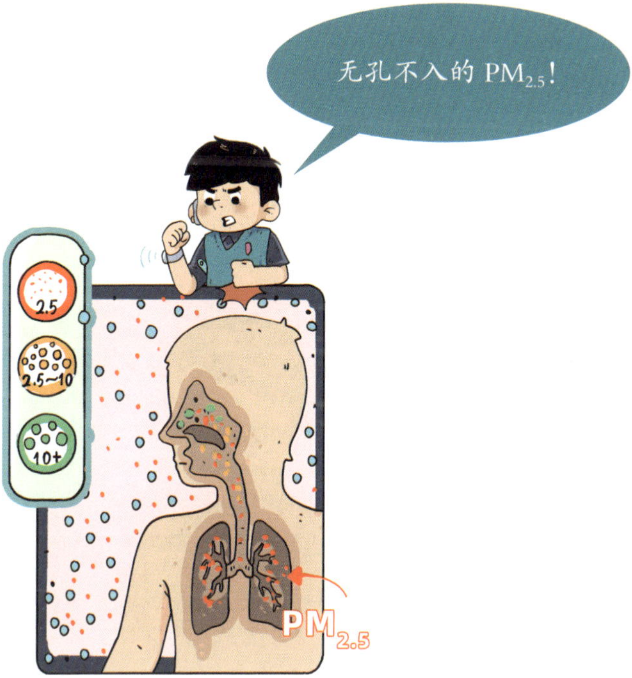

3. 资源面临枯竭风险

化石能源的储量是有限的，不可再生。

然而，随着工业化和现代化进程的加速，人类对化石能源的需求不断增加，使得这些能源面临更加严峻的枯竭风险。但截至 2023 年，世界能源结构中化石能源的占比仍超过了 80%。

化石能源面临枯竭的风险

4. 中国的减碳努力

解决这些问题需要全球合作，2015 年,《巴黎协定》要求缔约方自主设定减排目标，并致力于将全球平均气温升幅控制在 2℃以内。

中国在减碳方面作出了多方面的努力，并提出了“碳达峰”与“碳中和”目标：中国力争 2030 年前实现碳达峰，2060 年前实现碳中和。

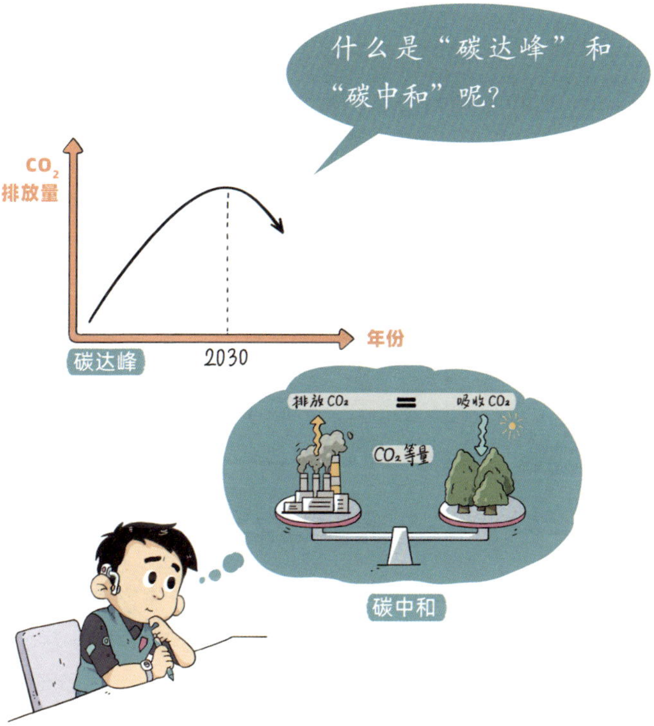

植物或海洋藻类的光合作用将太阳能转化为化学能，又通过食物链，将能量传递给了动物。因此，地球上的整个生物圈的能量，绝大多数都直接或间接地来自太阳。

二、绿色能源的种类

光合作用的太阳能转化效率，是扣除呼吸损失后的净值，整个生物圈的平均转化效率低于 0.2%。可见，效率是很低的。

在抵达地球有效地表上的阳光中，每 500 个光子中，仅有 1 个光子的能量转化成了植物的能量。

不过，太阳辐射到地球的总能量相当庞大，整体转化的能量规模还是很可观的。

1. 生物质能

生物质能是一种特殊的可再生能源。依据来源，大致可分为林业资源、农业资源、城市固体废物、生活污水和工业有机废水以及畜禽粪便等。

其中，燃烧植物性废弃物可以发电，而且能获得很高的效能。能源作物中，含油量相当高的油菜籽等，可以制造出生物质柴油；玉米可以制造出生物质酒精。

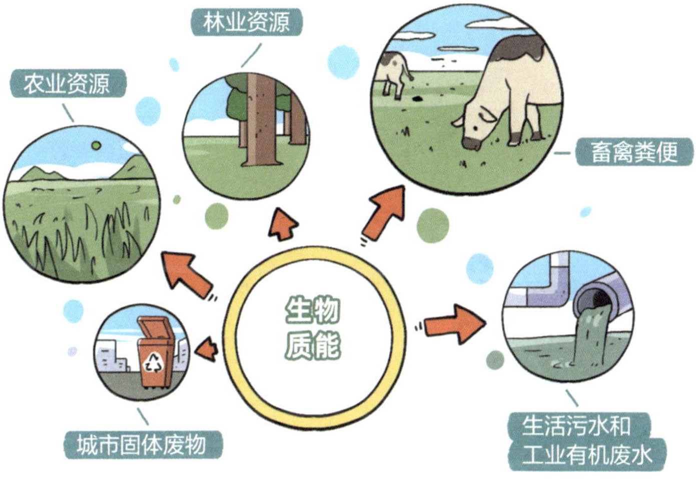

另外，常见的水力发电的水能和风力发电的风能，它们的能量从何而来呢？

2. 水力发电

太阳的能量加热地球表面的水，使其蒸发为水蒸气。

水蒸气上升到高空，冷却凝结成云，最终以降水的形式返回地球表面。水在高处积累的过程中，获得了势能。当水从高处流向低处时，势能被转化为动能。

在水力发电站中，水的动能被发电机转换为电能。因此，水力发电的能量来源本质上是太阳能！

水力是一种供电量大且供电稳定的可再生能源。三峡大坝一年的发电量可以达到约 1000 亿千瓦时。

3. 风力发电

太阳的不均匀加热，造成了地球表面不同区域的温度差异。气温较高，则空气密度较低，形成低压区；反之，则形成高压区。

风的形成，就是高压区的空气流向低压区，以填补气压差。因此，风力发电和水力发电一样，都是间接利用太阳能的清洁能源形式。

风力是一种源源不断、洁净的永续能源，能用来发电。缺点是人类很难准确预测风的强度和方向。

4. 光伏发电

光伏发电就是光电效应的一种具体应用。当阳光照射到光伏电池上时，光子与材料中的电子相互作用，释放出自由电子，产生电能。

光伏发电可以将太阳的光能直接转化为电能，发电过程不产生温室气体和其他大气污染物，是可持续的清洁能源。

目前，光伏发电的效率总体上并不高，一般为15% ~ 20%。因此，光伏发电的商业应用仍然受到发电效率和生产成本的限制。

5. 地热能与核能

除了直接或间接来自太阳的能源外，地球上还存在着地球内热。这种能量不停地重塑着海床和陆地，引发着毁灭性的灾难，比如地震、海啸、火山爆发等。

地球内热的来源有两个：一个是以铁为主的熔融态金属地心释放出的基础热能。另一个是放射性物质衰变所释放的热能，比如铀 -235 等。

在地下几千米的地方，温度就已经非常高了。

如果将水送入地下，让地球帮我们把水加热，超过100℃的水蒸气可以推动涡轮机转动，从而发电。这就是地热发电厂的原理！

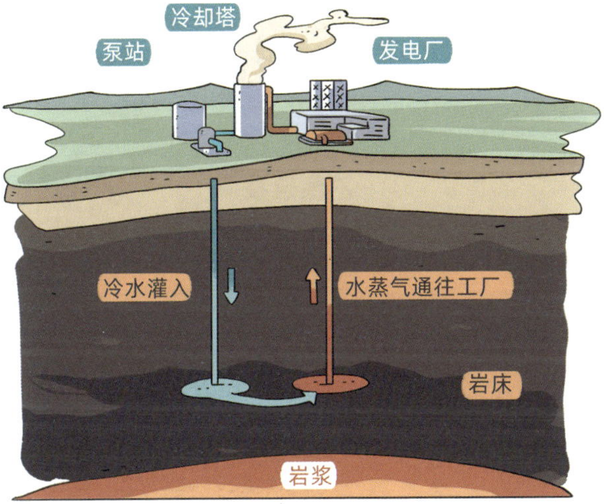

地热发电厂

另外，对于放射性物质衰变所释放的热能，人类能否加以利用呢？

在核裂变中，一个铀 -235 原子核吸收一个中子后分裂，释放出更多的中子，这些中子又可以引发其他铀 -235 原子核的裂变，形成一个自我维持的反应链。因此，这个反应过程又称为“链式反应”。

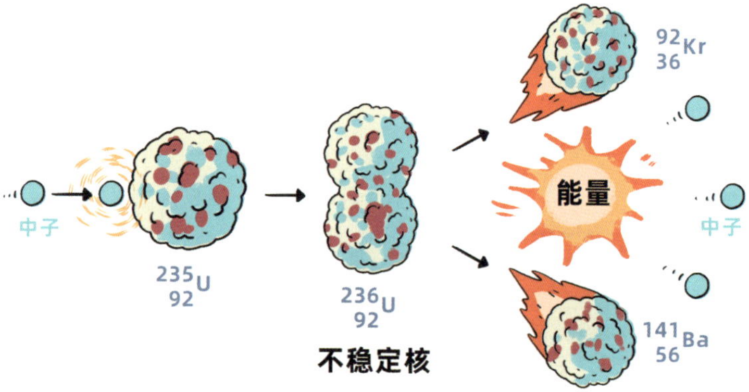

铀 -235 的链式反应

1956 年 10 月，英国开始建造卡德霍尔核电站，这是世界上最早的商业核电站之一。

此后，全球多个国家和地区陆续建造了许多新的核电站。

然而，核裂变反应过程释放的高能量中子和辐射，会攻击人体内的细胞，很可能导致癌症，甚至致命。所以，核电厂必须建造好几层厚实的墙壁，以及紧急供电系统，以便在核电站断电时，还能继续冷却核反应堆，避免炉心熔毁。

炉心熔毁是非常严重的事故。1986 年，乌克兰的切尔诺贝利核电厂就曾经发生过。2011 年，日本的福岛第一核电厂因海啸造成部分炉心熔毁，从而引发一连串的灾难。

严重的核泄漏事故

相比燃烧化石燃料的火电厂，核电厂生产单位电能所产生的二氧化碳至少要少 95%。然而，可怕的事故以及对核废料的担忧，导致核电成为主要能源的愿景受到影响。

看来，寻找人类可持续的、清洁的终极能源，仍然是一条漫长的道路。

生物质能虽然可再生，但因光合作用效率低，无法作为未来能源的主力。水力发电和地热能虽然成本低、稳定性好，但受到资源分布限制，发展空间有限。风能、太阳能具有环保优势，但受天气和地域限制，供电不稳定且难以储存多余电力。核裂变发电面临安全和废料处理问题，而核聚变技术尚未成熟。

总体来看，目前仍未找到完全替代化石燃料的理想能源。

三、储能技术的前景

电力的浪费是非常惊人的。尤其是在电力过剩而无处储存时，多余的电力就只能成为“弃电”，即白白浪费掉的电力。

在风能和太阳能丰富但需求较低的情况下，电网可能会选择减少或停止这些发电设施的运行，被称为“弃风”或“弃光”。

再加上电力在长距离输送时会产生热损耗，总体估计，全球电力系统中可能有 20% 到 30% 的电力被浪费掉了。

2023 年，水力发电量约占世界总发电量的 15%，而浪费掉的电量，约相当于它的两倍！

如此巨大的浪费，使得储能技术的发展更显迫切。

目前可以应用的储能方法，主要有抽水蓄能、电池储

能、氢气储能等几种。

1. 抽水蓄能

抽水蓄能是目前大规模存储剩余电力的最有效方法。

这种方法要用到两个水库，至少有几百米的高度落差。当电力过剩时，多余的电力被用来将水从低处水库抽到高处水库储存起来。当电力需求增加时，释放水流发电。

2. 电池储能

一些现代电网配备了电池储能系统，可以将多余的电力存储在电池中，但目前还无法存储大规模的电量。

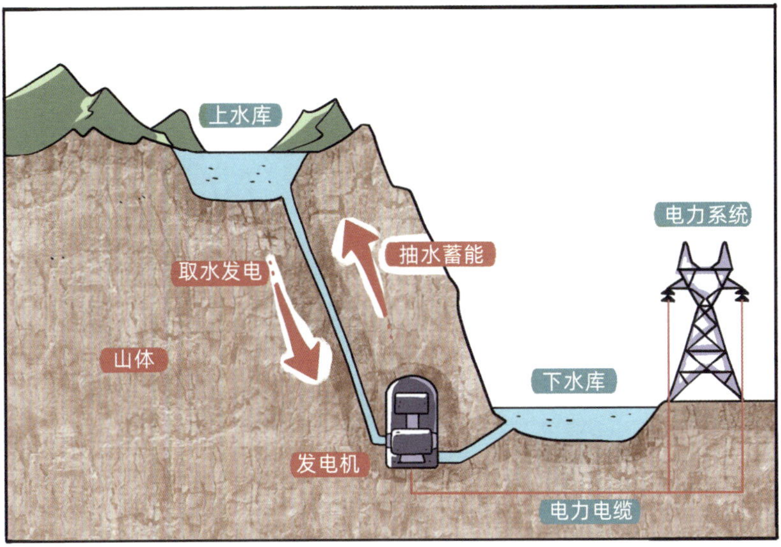

固态锂电池采用固态电解质，具有更高的安全性和能量密度，但仍处于研发阶段。

3. 氢气储能

液态氢的能量密度约是汽油的三倍，并且燃烧产物仅为水，几乎没有污染。此外，氢气还可以用于燃料电池。

不过，氢气储能技术也面临成本较高、储存运输困难等挑战。

氢元素是宇宙中最丰富的元素，太阳通过氢的核聚变反应释放出巨大的能量。

四、核聚变与未来能源

核聚变被认为是未来理想的能源形式，因为它能够提供清洁、可持续的能源，同时不会产生长寿命的放射性废料或温室气体。

科学家正在利用氢的同位素——氘和氚，模拟核聚变反应，目前仍处于实验阶段，商业化应用还需一段时间。

除了氢的同位素外，氦的同位素氦 -3（^{3}He）也是一种优质的核聚变材料，可用于“氘 - 氦 -3 聚变”，它的优点是反应更清洁。

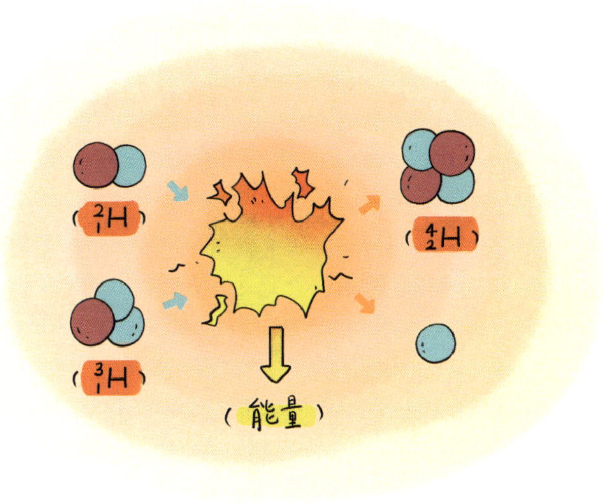

氘－氚聚变

遗憾的是，氦－3 在地球上的储量极为稀少。

然而，氦－3 在月球上却异常丰富。原因是，太阳风携带着氦－3，已经不间断地向月球表面输送了约 30 亿年！而同样的太阳风却无法在地球大气中保留氦－3。

每千克氦－3 进行核聚变反应，释放出的全部能量相当于 1.64 亿度电。2022 年，我国的发电总量是 8.7 万亿度，只需要大约 53 吨氦－3 就足够了。数字对比相当惊人！

未来，绿色能源和储能技术的创新将成为推动新质生产力发展的重要驱动力。

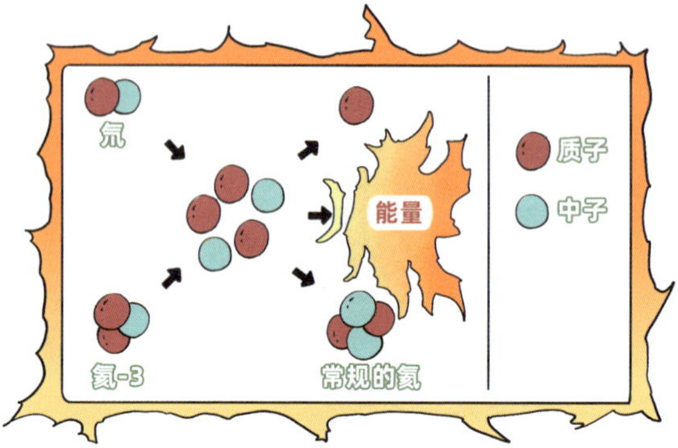

氘-氦-3聚变

7

第七章

超快的万物互联

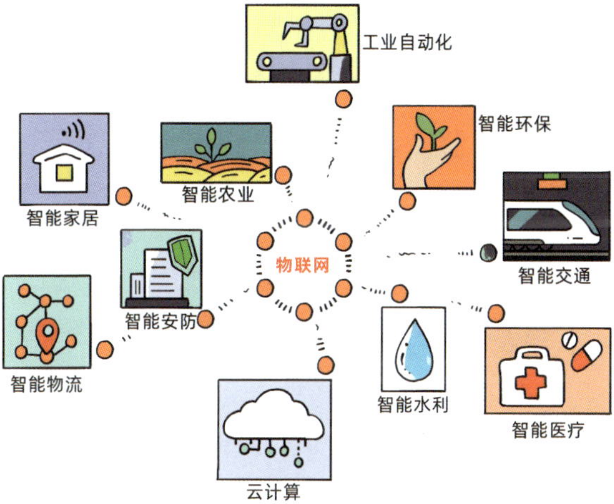

从智能家居到智慧城市，从智能制造到无人驾驶，物联网正在改变人们的生活和工作方式。通过物联网，数据流动变得更加迅速和精准，为我们带来了更高效、更便捷的生活方式和工作模式。因此，物联网正在成为新质生产力的核心组成部分。

一、什么是物联网

随着信息技术的快速发展，万物互联的时代悄然来临，即通过智能化的网络，实现人与物、物与物之间的无缝互动。

如今，无论是在家中、办公室、城市街道，还是在工厂企业里，这些设备通过互联网相互连接，收集和传输数据，从而实现智能化管理与服务。

物联网是指通过互联网将物体与物体相连，实现智能识别、定位、跟踪、监控和管理的一种网络技术。

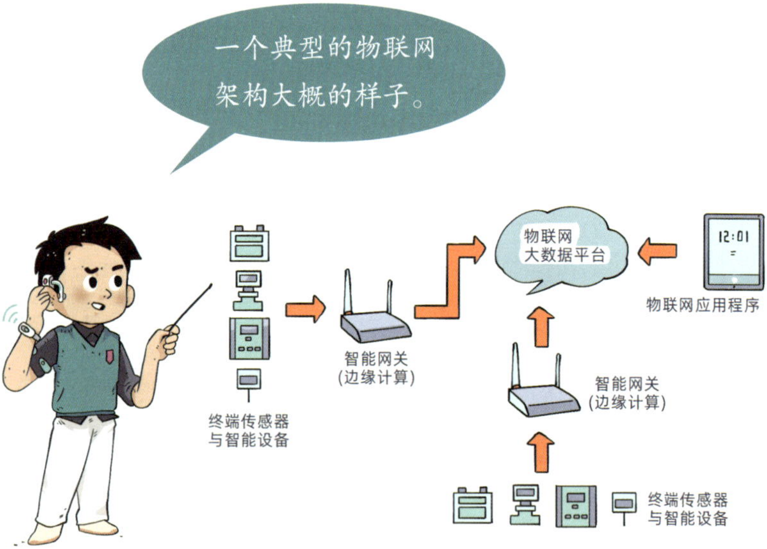

物联网不仅涵盖了硬件设备的连接，还涉及软件、数据分析和用户界面的综合应用。因此，它是一个庞大的网络系统。

二、物联网的组成

物联网起源于 20 世纪 90 年代，一般由传感器和设备、网络连接、数据处理平台、用户界面等几个部分组成。

1. 传感器和设备

传感器的主要作用是收集环境数据或监测设备状态，为系统提供实时信息。常见的传感器种类包括温度传感器、湿度传感器、光照传感器、压力传感器、加速度传感器等。

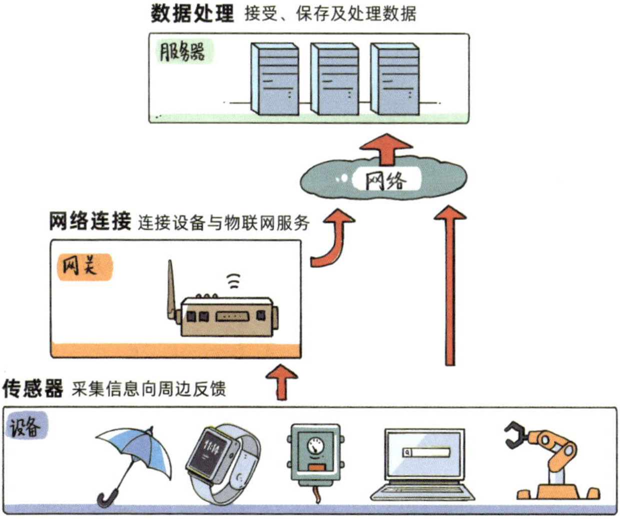

另外，物联网设备也发挥着传感器类似的作用。物联网设备可以是智能家居用品、工业设备、交通工具等。

2. 网络连接

常用的网络连接方式包括 Wi-Fi、蓝牙、Zigbee、LoRa 等，它们适用于不同的应用场景。

Wi-Fi 适用于需要较大带宽和稳定连接的设备，如智能家居中的摄像头、电视、冰箱等。

蓝牙则主要用于短距离设备间的低功耗连接，例如智能手环、耳机等可穿戴设备。

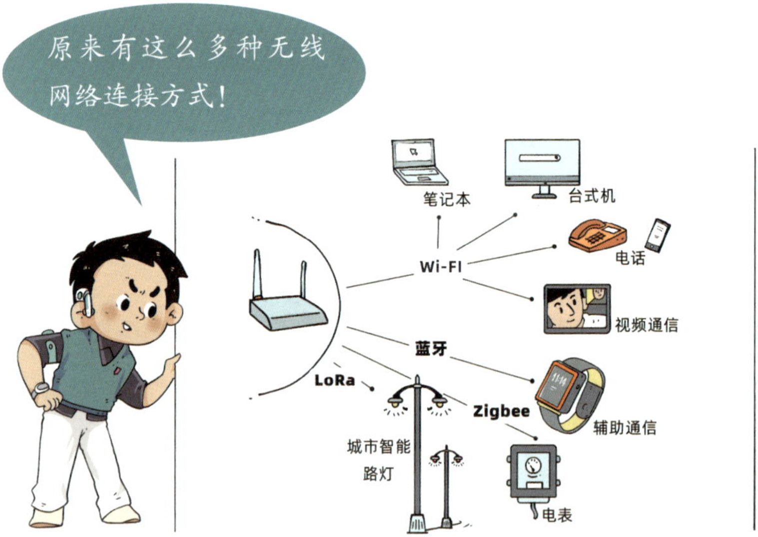

Zigbee 和 LoRa 则常用于低功耗、远距离的传输，如家

庭自动化、工业控制、农业传感器以及城市智能路灯等。

5G 网络为物联网的发展提供了更加坚实的通信基础。

首先，5G 网络提供了超高的速度，不仅能够满足大规模数据传输的需求，还使得高清视频、VR 和 AR 等高带宽应用得以顺畅运行。

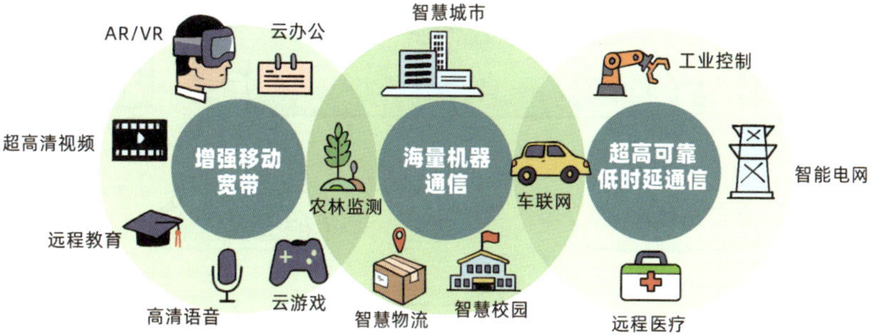

其次，5G 网络的延迟在 1 毫秒以下，这一优势对自动驾驶、远程医疗、工业自动化等的应用至关重要。

最后，5G 网络支持大规模设备连接，能够支持从智能家居到智慧城市等各类应用场景的高效运营。

3. 数据处理平台

物联网收集到的大量数据，需要经过存储、处理和分析，才能被有效利用。

云计算和边缘计算是目前两种主要的数据处理技术。

云计算技术通过分布式计算资源，将海量数据存储在云端，并利用强大的计算能力进行处理。

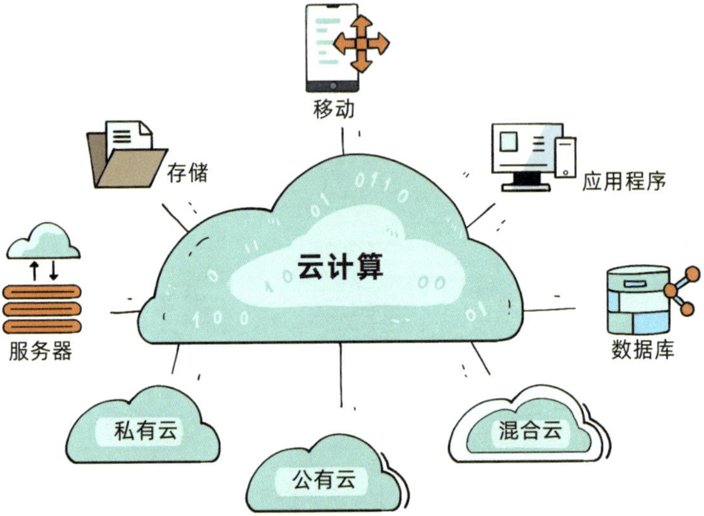

云计算特别适合需要大规模数据存储和处理的应用场景。

边缘计算是一种在设备或本地网络节点上完成数据处理的计算架构，能明显提高数据处理的实时性和效率。

边缘计算适用于需要快速响应的应用场景，如自动驾驶、智能制造、视频监控等。

此外，由于就近完成了大部分计算任务，它还能够明显降低能源消耗。

4. 用户界面

用户界面是用户与系统交互的桥梁。通过智能手机、平板电脑或其他终端设备，用户可以轻松访问和控制物联网设备。

优秀的用户界面应尽量简洁、功能分区清晰，无延迟或卡顿现象。

随着语音识别、触控、手势控制等技术的发展，用户界面还可以通过多种方式与物联网设备进行交互。

三、安全挑战与隐私保护

物联网设备一旦遭到入侵或被黑客控制，家庭安全、工业生产甚至是公共基础设施都将受到威胁。

此外，随着设备广泛收集个人和企业的敏感数据，数据泄露的风险也在不断增加，有可能侵害用户隐私，或对企业造成经济损失和声誉损害。

恶意软件是物联网设备面临的另一个主要威胁，它们能够使设备失去响应，甚至导致数据丢失。

保护用户隐私不仅是法律的要求，更是企业赢得用户信任的核心要素。

因此，企业和个人必须采取有效的防护措施。在设备设计阶段，应加强安全性谋划，采用先进的加密技术、身份验证机制并定期更新固件，以抵御潜在的攻击威胁。

同时，企业应秉持数据最小化原则，只收集必要的用户数据，并定期清理不再使用的信息，以降低数据泄露的风险。

四、物联网的应用

智能设备正在融入我们的日常生活和工作中。

1. 智能家居

在智能家居方面，设备间的互联互通，使得家庭实现了自动化和智能管理。

例如，用户可以通过智能照明系统的手机应用，远程控制灯光的开关、亮度。智能温控系统则能自动调节室内温度。此外，智能安防系统能够实时监控家庭安全状况。

物联网在智能家居上的应用

2. 可穿戴设备

可穿戴设备让用户更加实时、精准地监控自身健康状况，以提升生活质量。

智能手表和健康追踪器通过内置的传感器，实时监测心率、步数、能量消耗、睡眠质量等健康数据并为用户提供个性化的健康建议。

此外，可穿戴设备还能够帮助用户制订科学的健身计划，记录运动进度，激励用户完成设定目标。

3. 远程医疗

患者通过智能设备实时传输健康数据，医生则能够远程监控病情，提供在线诊断和治疗建议。

远程医疗打破了传统医疗服务的地理限制，使得慢性病患者、术后康复期患者以及老年人，可以得到持续的健康管理和及时的医疗干预。

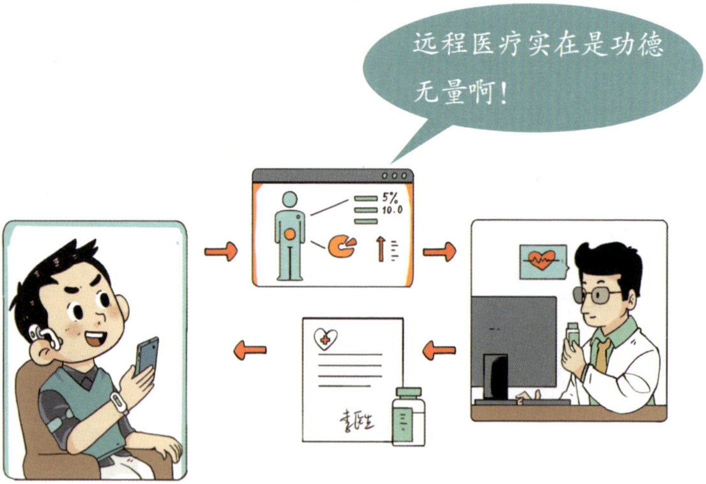

通过远程医疗，患者无须长时间等待就能获得专业的诊疗服务；而医生通过这种方式可以诊断更多的患者。

4. 智能交通

智能导航能够根据当前的路况、交通流量和天气情况，为用户提供最优路线，节省通勤时间。

车联网技术则将汽车与互联网连接，使得车辆能够实时获取交通信息，提升行车安全，还能预警交通状况，减少交通事故的发生。

智能手机和物联网技术的应用还促进了共享单车及打车服务的快速发展，提升了绿色出行水平和交通运行效率。

5. 智能制造

智能制造包括工业物联网和智能机器人等关键技术。

工厂能够通过联网的设备实时监控生产过程，及时发现设备故障和生产瓶颈，从而优化生产流程、提高生产效率和降低停机时间。工业物联网还可以通过分析大量数据，提供预测性维护建议，减少设备故障的发生。

工业机器人不仅能高效地完成重复性劳动，还能提高生产精度，减少人为错误，并通过人工智能技术不断提升工作效率和生产质量。

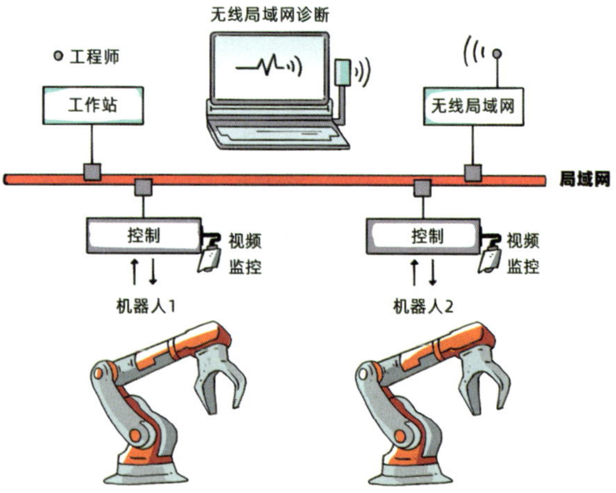

物联网上的工业机器人

6. 智慧农业

在智慧农业方面，精准农业和智能养殖是两大典型应用场景。

精准农业通过安装在农田中的传感器，实时监测土壤湿度、气候条件和作物生长情况，帮助农民优化灌溉、施肥和农药使用。

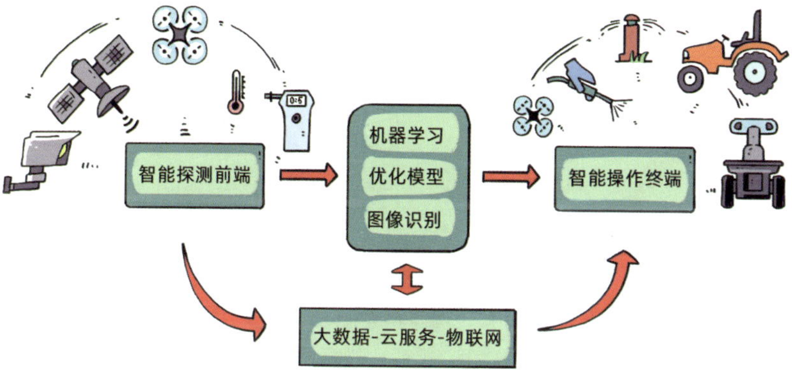

精准农业模型

智能养殖则通过智能监测系统实时跟踪牲畜的健康状况和行为，预防疾病传播，优化饲料分配，提高养殖效率和经济效益。

7. 智慧城市

城市基础设施中的物联网，推动了城市各个领域的智能化管理。

在交通管理中，物联网技术通过智能交通灯、车联网和实时监控系统，能够有效地疏导交通流量，减少交通拥堵。

在环境监控中，物联网技术可以提供污染预警，帮助管理部门及时采取环保措施。

在公共安全中，物联网技术通过智能监控摄像头、传感器和联网报警系统，增强了城市的安全防范能力。

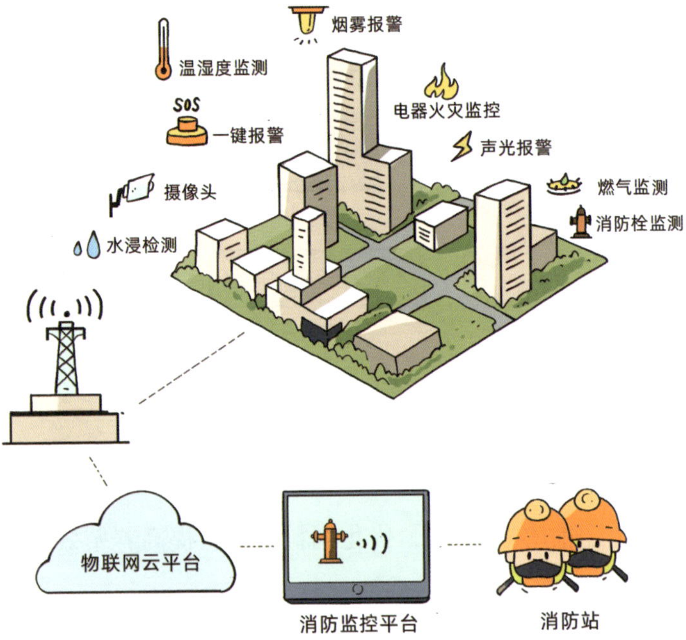

城市智慧消防系统

8. 资源优化与能源管理

在资源优化方面，物联网能够为各行各业提供精确的运营数据，从而减少浪费，降低环境污染和能源消耗。

例如，智能传感器可以实时监控水、电、气等资源的使用情况，以及室内温度、湿度、光照等环境数据，并根据实际需求自动调节设备的工作状态。

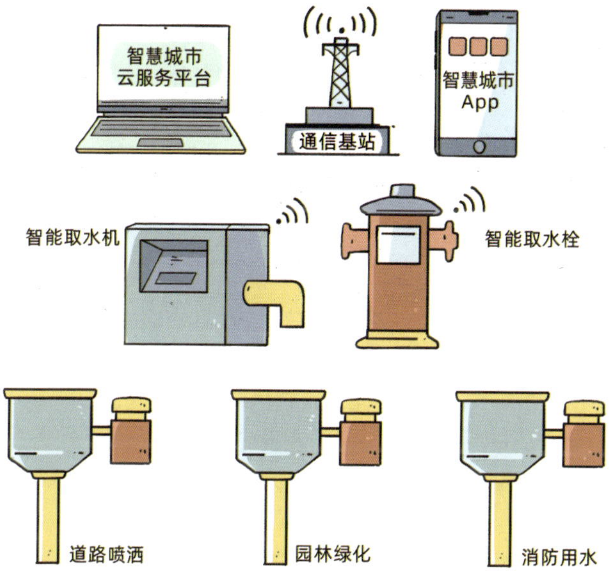

城市智能取水系统

此外，物联网可以帮助城市实现高效的废物管理，减少资源浪费和污染物排放。

在能源管理方面，当某一地区的电力需求增加时，智能电网可以快速响应，将多余的电力从其他区域调配过来，确保供电稳定，同时避免能源过度消耗。

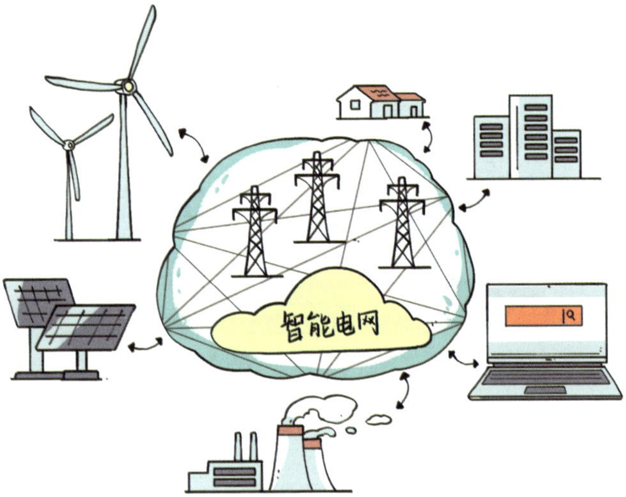

此外，在太阳能和风能的应用中，物联网可以确保最大化地利用清洁能源，并通过智能储能设备，平衡可再生能源的波动性。

五、物联网的未来

1. 6G 的加持

未来，6G 技术将在速度、延迟、连接能力和智能化方面发生革命性变化。

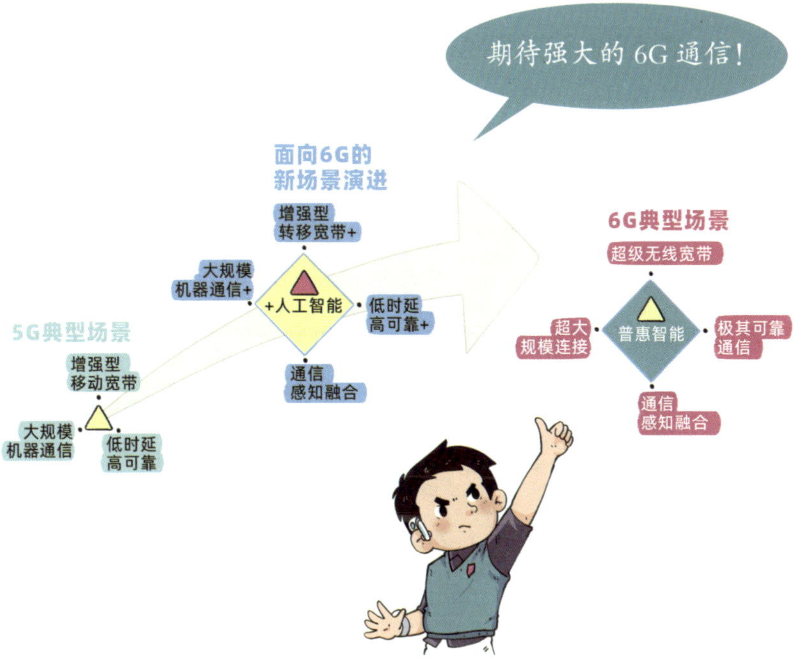

6G 将支持超高速的数据传输和几乎无延迟的通信。

例如，未来的远程医疗、教育培训等应用将不再受到网络延迟的限制，用户可以在全球范围内实时体验沉浸式的互动和高质量的虚拟体验。

人工智能将被应用于网络管理、资源分配、故障预测等多个方面，并提前预测和解决网络中的潜在问题。

此外，6G 将实现更加广泛的连接，支持人与人、人与物、物与物之间的多维度连接，所有的设备和系统将能够更加高效地协同工作。

2. 星链的服务

星链通过在低地球轨道部署大量卫星，为全球提供高速、低延迟的互联网服务。

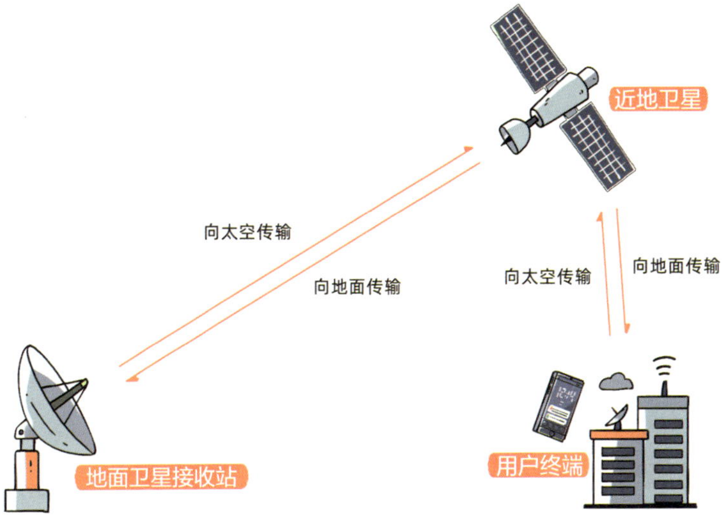

星链的工作方式

星链为物联网设备提供了全球范围的网络连接，尤其是在传统地面网络覆盖之外的智能农业设备、环保监测传感器、无人机等物联网设备。

此外，星链的低延迟和高带宽特性为物联网应用提供了更高效的支持。

3. 万物互联

万物互联的未来充满了无限可能，物联网正在深刻改变着我们的日常生活以及各行各业的运作方式。

因此，物联网必将是新质生产力的重要组成部分，有力推动传统企业的数字化转型，促进国家的可持续发展。

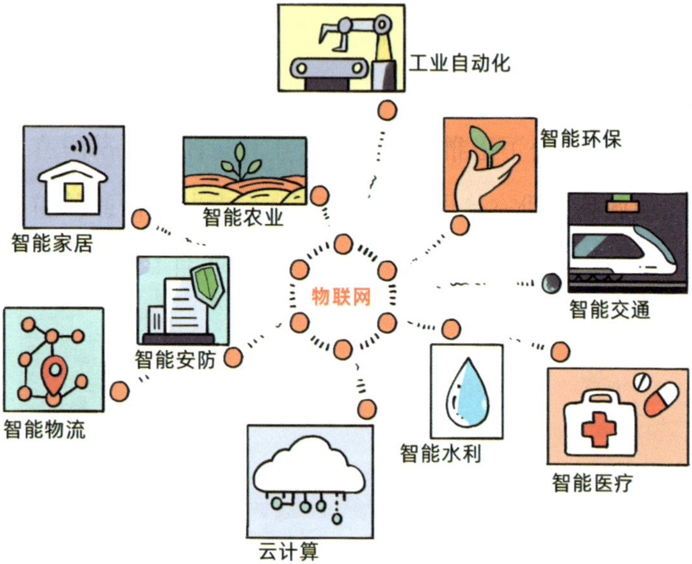

然而，如何有效应对数据泄露、网络攻击等安全威胁，并确保个人隐私不受侵犯，将是实现物联网广泛应用的关键。

8

第八章

突破现实的元宇宙

通过VR、AR、区块链等技术的结合，元宇宙不仅为娱乐、社交、教育等行业带来了革命性的变革，也为数字经济和虚拟经济提供了新的增长点。元宇宙突破了现实世界的物理限制，开辟了一个全新的虚拟空间，从而成为推动新质生产力发展的新力量。

一、元宇宙的起源

元宇宙是英文 Metaverse 翻译过来的，由 Meta（超越）和 Universe（宇宙）组合而成，意思是虚拟的、数字化的三维世界，或者说是平行于现实世界运行的虚拟空间。

“元宇宙”这个概念最早出自 1992 年出版的美国作家尼尔·斯蒂芬森的科幻小说《雪崩》，指相对于真实的物理宇宙，还存在“超越或处于更高水平”的虚拟宇宙。因此，这个词当时又被译为“超元域”。

目前，元宇宙还处于发展的初期阶段，未来元宇宙有可能成为我们的一种生活方式。比如，不少原本需要在办公室完成的工作也转移到了线上。

2020 年，美国哥伦比亚大学的师生通过网络搭建了一个数字校园，成功举办了在线毕业典礼。

同年，元宇宙音乐会在电子游戏《堡垒之夜》中举行，全球有近 1200 万人在线观看了表演。实践证明，人们可以像在现实世界一样，在虚拟世界里社交、娱乐、工作和学习。

在元宇宙中，人们可以自由社交，获得归属感；可以创作作品，赢得尊重；可以干一番轰轰烈烈的“事业”，实现自我价值，还可以不受年龄、性别、健康状况的影响，不断重启人生。

2018 年，由小说《头号玩家》改编的电影上映。现实世界中的主人公只是一个生活在贫民窟里毫无存在感的普通人，可是在虚拟世界的绿洲中，他却是一个受人喜欢的超级英雄。两个世界的强烈对比，引起了人们对元宇宙的极大兴趣。

二、元宇宙的特征

总体上，元宇宙至少应当包括如下特征。

可持续性：元宇宙世界可持续存在。

可创造性：元宇宙的内容可以由任何个人或者团体创造。

可连接性：数字资产、社交关系、数字物品等都可以在各个元宇宙平台之间自由转换。

实时性：与现实世界中的一切形态保持实时同步；

兼容性：任何人均可进入，能够容纳任何规模的人群以及事物。

经济属性：具备完整运行的经济系统，可以进行支付交易、获得劳动收入等。

三、构建元宇宙所需的核心技术

构建元宇宙，需要一系列软件和硬件技术的突破，主要包括六类技术。

1. 区块链技术

区块链是一个“去中心化”的账本，又称分布式账本：网络中的每个节点都同步记录着一样的账目，共同保存着同一个账本。如果说传统的单一账本（中心化账本）存在篡改数据等可能性，那么区块链技术则极大降低了作弊的可能性，为交易过程的公开透明提供了保障。

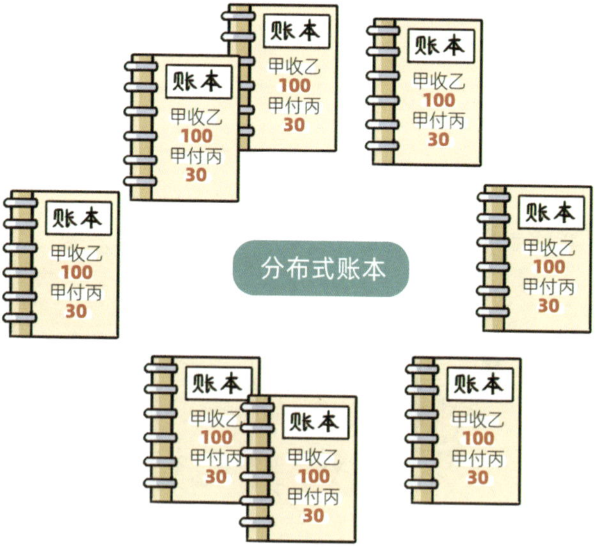

有了可信赖的网络环境，还可以进一步简化交易过程。

比如，在传统的交易方式中交易双方需要事先签订合同，有时还需要第三方见证执行，过程烦琐，费时、费力，还费钱。

能不能将一些便于执行的规则和条款预先写入程序，一旦条件达成，便可自动执行这些条款呢？答案是可行的，这就是“智能合约”。

相较于传统合同，“智能合约”既提高了交易的效率，又降低了交易成本。

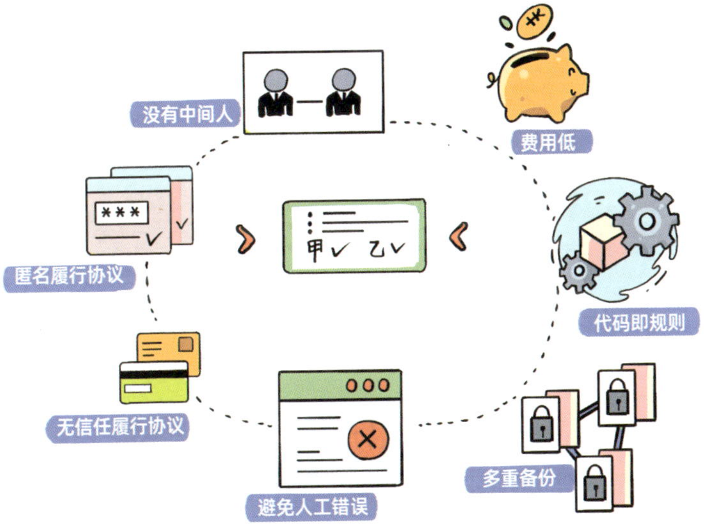

自动执行条款的智能合约

2009 年，加密虚拟货币（比特币[1]）和区块链技术开始首次应用。

比特币是一种数字货币，它可以进行在线交易，方便快捷；它的价格像股票一样时涨时跌，可作为一种投资工具；它也不受地域和国界的限制，其交易速度比传统银行系统更快，而且费用更低。

随着比特币的成功，莱特币、以太坊等也相继出现。

区块链允许用户安全地创建、拥有和交易数字资产，如

① 中国禁止比特币的公开交易，并对比特币私下交易持谨慎和严格监管态度。建议关注官方动态，避免触碰红线。——编者注

NFT（Non-Fungible Token），即“非同质化代币”。

比如，你向朋友借一枚比特币花掉了，然后还另一枚等值的比特币就可以了。因此，前后两枚比特币是同质化的。

但如果借的是一只小猫，就不能还另一只猫了，说明两只小猫是非同质化的。

由此可见，是否可替代就是同质化与非同质化的最大区别。

数字资产（电子数据）虽然具有可复制性，但后来所有复制品的时间都要晚于首次生成的时间。NFT 利用区块链技术将数字资产打上时间标记后，它在虚拟世界就是唯一的了，这个独特的标识符又叫“哈希值”。

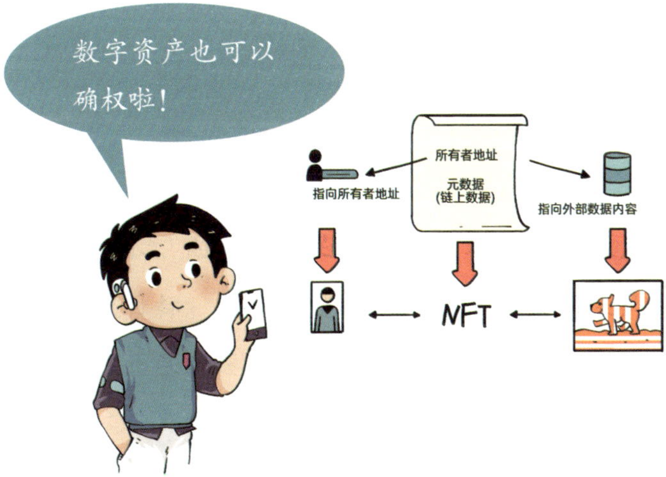

因此，每个 NFT 可以代表独一无二的数字资产，如艺术品、音乐、视频、游戏、虚拟房地产等。

另外，NFT 也为数字创作者提供了一种全新的收入和创造价值的方式。

例如，2021 年 5 月，在一场全球顶级拍卖会上，其中一件拍品不是什么古董名画，而是 9 个纯数字化的“加密朋克”NFT。“加密朋克”是 2017 年两位年轻人创作的像素头像。

拍卖“加密朋克”NFT

拍卖之后，NFT 会对“加密朋克”进行确权，并上传到区块链上，无须任何第三方（中心化的）机构予以确认。

2. 交互技术

元宇宙的虚拟世界需要提供多维感官交互，包括 VR 设备、AR 设备以及混合现实（MR）设备等。

VR 设备包括 VR 头显和手柄等设备。VR 头显，又叫 VR 眼镜，可以让用户产生身临其境的“真实”感觉。

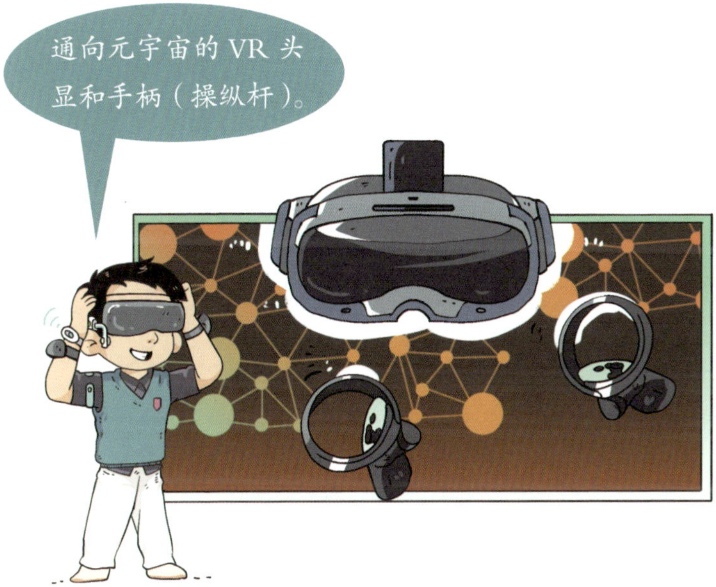

元宇宙的沉浸式体验设备还有操纵杆、跟踪仪，以及其他感官 VR 设备等。

AR 是一种将虚拟信息与现实世界叠加融合的技术。

首先在眼镜中生成现实世界环境的图像；然后将 3D 图像覆盖在现实世界对象的图像上，形成模拟环境；最后用户可以与模拟环境进行交互。

MR 是 VR 与 AR 融合而产生的新的可视化虚拟环境，是现实世界与虚拟世界的相互叠加，即虚中有实，实中有虚。

虚实难辨的混合现实

另外，还有全息投影技术、体感技术等，甚至通过脑机接口即可获得所有虚拟的感知。

3. 电子游戏技术

游戏引擎帮助开发者快速构建游戏世界、实现各种互动效果。

其中，3D 图形渲染涉及建模、光照、阴影、纹理贴图等技术，使得游戏画面越来越接近现实。

物理引擎则模拟现实世界中的物理现象，如重力、碰撞、弹性等，增强游戏的真实性。

音频技术极大地增强了游戏的沉浸感。

输入设备除了传统设备，还包括体感设备（VR 手套及 VR 紧身衣）、触摸屏、眼动追踪、语音控制等新型输入方式。

VR 手套及 VR 紧身衣

4. 人工智能

第一，自然语言处理使得虚拟角色和非玩家角色（NPC）能够实现自然的对话互动。

第二，计算机视觉技术使得元宇宙中的虚拟环境能够理解用户的动作和面部表情。

第三，机器学习与深度学习使得元宇宙中的虚拟角色、环境和系统能够不断优化和自我学习。为用户提供个性化的内容推荐或互动，以及动态生成虚拟场景、人物和动画。

在元宇宙中游览世界各地的虚拟景点

情感计算的加入使得虚拟角色更加生动、真实，能够进一步提升用户的沉浸感。

第四，多模态学习与交互结合了视觉、声音、触觉等多个信息来源，增强了用户与虚拟环境的互动方式。例如，用户通过语音、手势和身体动作来控制虚拟角色或环境。

参与元宇宙中的社交活动

第五，智能推荐系统能够根据用户的兴趣和历史行为推荐个性化的内容，增强用户的满足感。

5. 网络及运算技术

元宇宙的实现需要强大的网络和运算技术支持。

5G 技术的出现大大提高了数据传输速率，减少了延迟，支持 VR、AR 等高带宽、低延迟应用的流畅运行。

未来，6G 网络将提供更高的带宽和更低的延迟，推动实时交互和全息通信等技术的广泛应用。

另外，通过边缘计算，可以将计算任务和数据存储推向网络的边缘，减少数据传输的时间，确保实时响应能力。

同时，云计算提供了大规模的数据存储和强大的计算能力，支持复杂的图形渲染、大规模多人在线和虚拟世界的构建。

由于元宇宙涉及复杂的图形渲染、物理模拟和人工智能训练等，高性能计算（HPC）能够加速这些处理过程，确保虚拟世界能够顺畅运行并实时更新。

虚拟化技术允许多个虚拟环境并行，支持大规模的多人在线体验。

6. 物联网技术

首先，动作传感器可以捕捉用户的动作，并实时反馈到虚拟世界中，从而增强用户的互动性和沉浸感。

其次，可穿戴设备通过模拟视觉、听觉和触觉体验，将用户带入虚拟世界。

捕捉手部动作、提供触觉反馈的智能手套

最后，定位技术通过室内定位系统和无线传感器网络等技术，用户可以在虚拟世界中走动，虚拟角色和物体可同时作出相应反应。

元宇宙可以与现实世界的环境进行深度连接。比如，智能家居设备可以根据用户在虚拟世界中的活动自动调节物理环境。

四、物联网的应用与未来

目前，元宇宙已经应用于许多领域，而未来可能应用于更多领域。

游戏行业一直是元宇宙的重要先行者。

元宇宙还可以用于举办各种形式的虚拟活动，包括虚拟音乐会、体育赛事和其他娱乐活动等。

艺术家和创作者可以在元宇宙中展示和销售数字作品，包括艺术品、音乐、视频、游戏等。

元宇宙为全球学生提供了平等的学习机会，教师和学生可以在虚拟空间中互动。

品牌和企业可以在元宇宙中创建虚拟商店，展示和销售数字商品，开拓新的销售渠道。

在虚拟地产市场领域，人们可以在元宇宙里购买、销售

和开发虚拟土地。

在金融领域，元宇宙可以进行去中心化借贷、数字资产管理、虚拟货币交易等。

在社交领域，用户可以在元宇宙中参与社交活动和游戏。

在医疗健康领域，元宇宙可以用于医学培训、远程医疗咨询和心理治疗等。

在旅游领域，人们足不出户，便可以在元宇宙中游览世界各地的虚拟景点。

另外，人们可以在元宇宙中创建虚拟“化身”，自定义角色，变成自己想成为的样子，并可在多重元宇宙中保持统一的“数字身份”。

虚拟网红是一种特殊类型的数字人，比如虚构的音乐家、艺术家、演员等。

2021 年，AYAYI 成为阿里巴巴集团首位数字人员工，她拥有 NFT 艺术家、数字策展人等多个身份。

全球首位数字航天员小诤曾在中国空间站“亮相”，并对各项任务进行现场报道。

总之，元宇宙通过技术革新推动了众多领域的数字化转型。因此，元宇宙是新质生产力的一个重要体现。

9

第九章

点燃创新之火

创新是驱动科技进步和社会发展的源泉。今天，科技创新不仅是技术的更新，更是思维方式、商业模式、管理体系的全方位革新。如何点燃创新之火，激发创造力，推动新质生产力走向未来？

一、突飞猛进的科技创新

在人类科技创新的历史上，20 世纪无疑是激动人心的时代。计算机、互联网、航天技术、生物技术和核能等领域的重大突破，推动了第三次工业革命。

21 世纪以来的头 20 年，科技创新更加突飞猛进，不仅在速度上大幅加快，而且跨学科的融合也更加密切，催生了许多跨领域的创新。

尤其在人工智能、量子计算、基因编辑、5G 通信、可再生能源等领域取得了革命性突破。

再加上物联网、大数据、云计算、3D 打印、机器人技术、区块链、虚拟现实等新兴技术的驱动，从而引发了第四次工业革命。

第四次工业革命推动了生产力的质变，因此是培育和发展新质生产力的技术基础。

新质生产力不仅涵盖了第四次工业革命技术创新上的突破，还包括组织创新、管理创新和商业模式创新，以及在环境、社会责任、可持续发展等方面的飞跃。

二、创新的方法

创新可以是颠覆性的，带来全新的市场和行业，也可以是渐进式的，通过不断改进和优化现有产品和服务来提升价值。

1. 以用户为中心的创新

以用户为中心的创新包括设计思维和用户中心设计。

其中，设计思维强调从用户的角度出发，理解和解决问题。设计思维的核心流程包括五个阶段：同理心、定义问题、创意构思、原型设计和测试。

同理心是指设计团队通过观察、访谈、沉浸式体验等方式，获取真实的用户反馈。

定义问题则是在理解用户需求的基础上，设计团队需要明确问题的核心，精确界定设计目标。

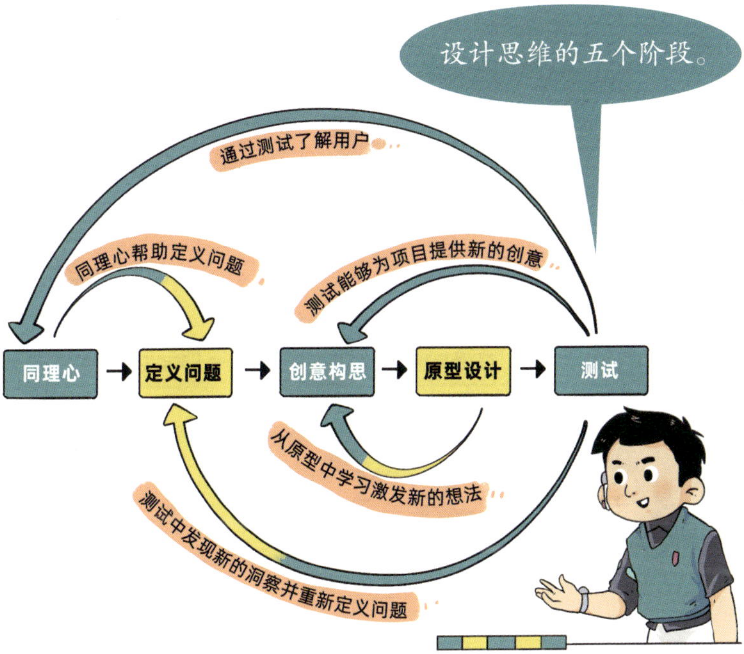

在创意构思阶段，设计团队应通过头脑风暴的方式，集思广益，探索多种可能的解决方案。

原型设计，指设计团队将最佳的想法转化为原型，帮助团队快速验证假设和创意。

最后，团队通过反复测试原型进一步完善产品。

例如，在抖音平台的开发过程中，团队利用设计思维来响应用户需求，进行快速迭代与原型测试。

用户中心设计则是一种更加专注于用户需求的设计方法，它将用户置于设计的核心。

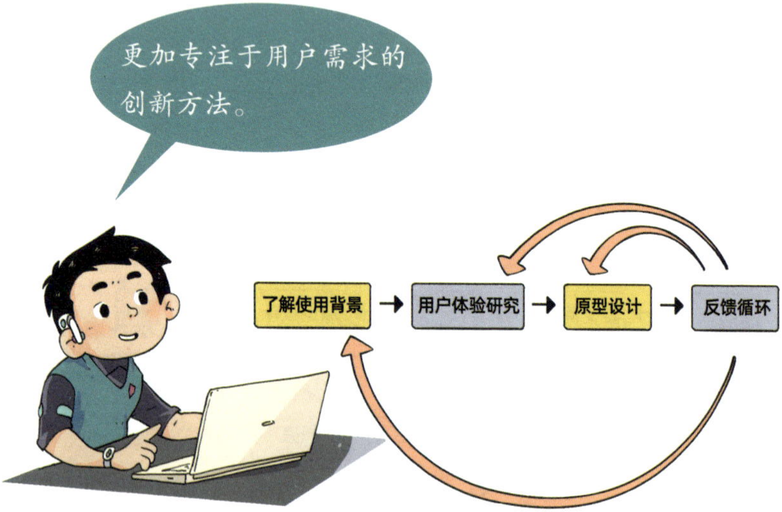

例如，美团平台不断优化用户在外卖、酒店预订等场景下的体验，并简化和可视化操作流程，使用户能够快速找到所需服务。

2. 开放式创新与协作创新

开放式创新倡导企业不再仅仅依赖于内部研发团队，而是通过吸纳外部的知识、技术和资源，如与高校、科研机构、行业专家甚至是用户的合作，打破技术和信息的边界，进行跨领域的合作。

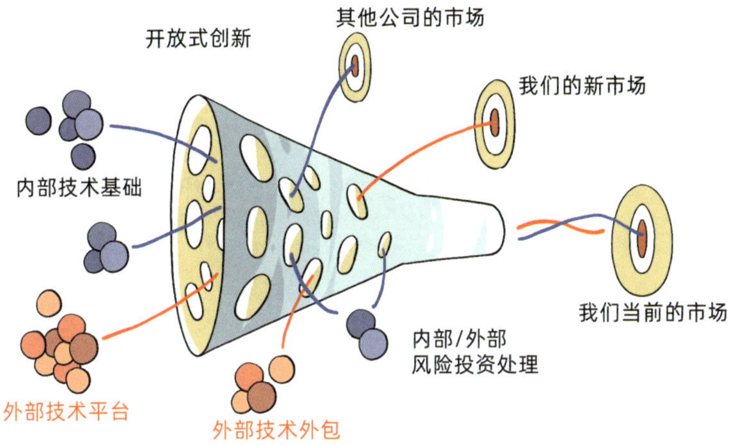

例如，宝洁公司在实施开放式创新时，鼓励外部公司和个人参与产品的创新过程。

协作创新更注重多方力量的结合，通过将各个领域的专家、技术人员、科学家等聚集在一起，协作创新能够产生突破性的解决方案。

例如，深层思维公司（DeepMind）的两位科学家开发了人工智能模型——阿尔法折叠程序 2（AlphaFold 2），成功预测了几乎所有已知蛋白质的三维结构，并因此获得了 2024 年的诺贝尔化学奖。生物技术与人工智能两个领域的研究人员通过协作，从而获得这一突破性成果。

3. 颠覆式创新

颠覆式创新是指通过新技术、新商业模式或新产品，颠覆现有市场中的领导者或传统行业规则。

例如，智能手机的发明。智能手机不仅具备了传统手机的通话功能，通过技术创新还融合了计算、娱乐、社交等多重功能，彻底改变了人们的生活方式和通信方式，最终颠覆了整个移动电话市场，取代了原有的功能手机。

4. 渐进式创新

渐进式创新则是在已有技术的基础上进行优化，关注细节上的提升，通过持续的改进，能够在长期的演变中为企业带来竞争优势。

例如，丰田公司推行的“精益生产”模式，通过持续的小幅改进提升了生产效率，降低了成本。

在家电行业，海尔推行“日清日高”的管理体系，即强调每天的工作质量和目标要比前一天有所提高，体现了渐进式创新的特点。

5. 快速试错与敏捷开发

快速试错是通过快速测试和反馈，不断迭代和优化产品或服务。在创新过程中，失败是不可避免的，而快速试错则强调在失败中学习、调整和改进，从而减少风险，节省时间和资源。

例如，通过收集大量的用户数据和实时反馈快速试错，特斯拉公司能够在不断的失败中积累经验，改进算法和硬件设备，逐步实现了更高效、安全的自动驾驶技术。

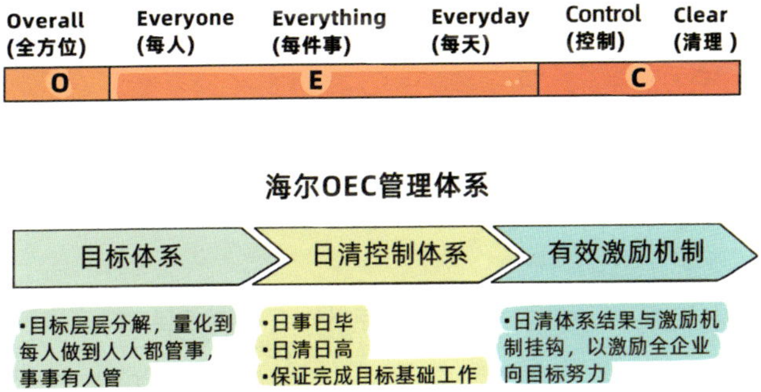

敏捷开发是将项目分为多个小阶段，每个阶段的开发成果都需要进行快速验证和反馈。

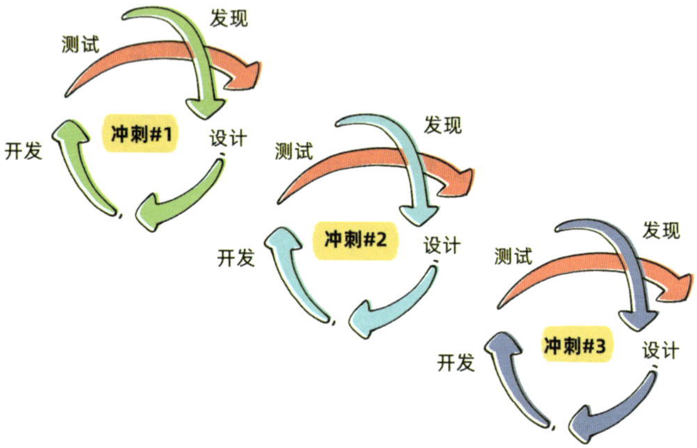

快速试错创新过程

敏捷开发通过定期的“冲刺”将工作分成较小的可管理部分，每个冲刺一般持续 2 到 4 周。

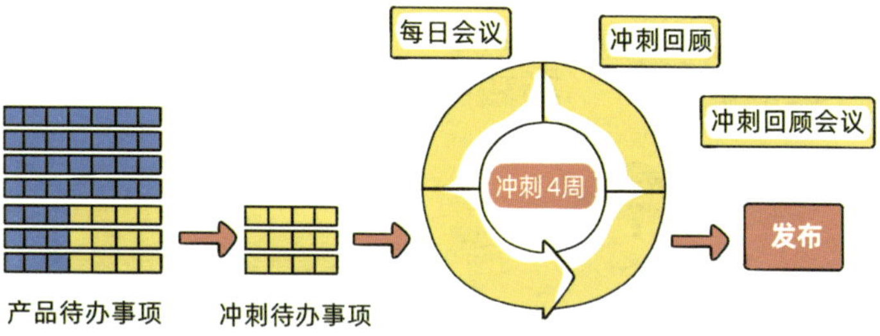

敏捷开发模型

例如，在短视频和信息流广告产品的开发中，广泛采用敏捷开发模式，从而快速迭代和验证新功能，及时调整和优化产品。

三、营造创新的良好环境

创新已成为全社会共同参与的事业。

然而，创新如同脆弱的种子，只有在良好的土壤和环境里，才会发芽并茁壮成长。这个土壤和环境包括宽松的政策支持、鼓励创新的文化氛围、开放的合作平台以及具备多样性和包容性的思想空间。

未来，如何才能点燃创新之火，并使其持续燃烧呢？

一是创造宽松的政策环境与鼓励创新的文化氛围。

政府可以通过减税、提供资金支持、简化审批流程等方式，激励企业和创业者投入到技术研发和新业务模式的探索中，降低创新成本。

同时，创新充满了不确定性，失败是难以避免的。如果社会和文化对失败持包容态度，并将失败视为学习和改进的机会，创新者将更加愿意尝试。

二是培育自由、多样、包容的思想生态。

当思想不受束缚时，创新便能跨越边界，创造出更多独特的可能性。

来自不同文化、背景和学科的碰撞能够产生新的灵感和突破。

包容性思想意味着接纳各种创新尝试，使得更多有创意的想法得以呈现和实施。

因此，教育不仅要传授知识，更要培养学生的批判性思维、创造性思维和问题解决能力。

三是完善创新的法律法规。

创新能否产生并成功，取决于有没有为创新者提供必要的激励措施和法律环境。

知识产权制度，不仅保障了创新者的权益，包括著作权、发明专利等，也鼓励他们将更多的资源投入创新活动中。

创新往往伴随风险和不确定性，健全的法律体系能够使创新者放心地进行创新工作。

四是建设开放的跨学科协作平台。

未来，不同学科之间的交叉与合作，成为推动创新的重要动力源泉。例如，物理学和生物学的结合，推动了基因组学的快速发展；计算机科学与社会科学的结合，则催生了大数据分析等新兴领域。

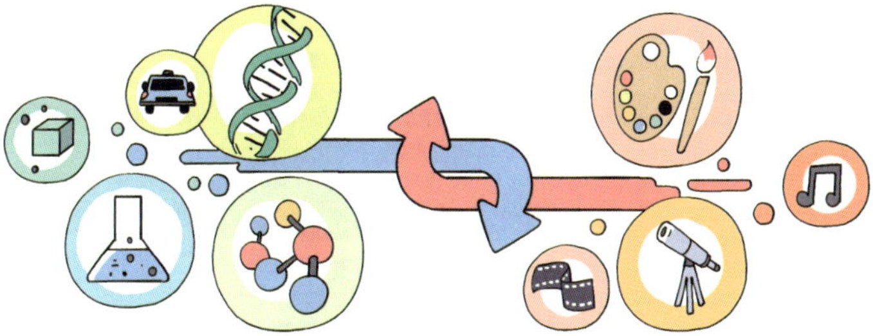

跨学科合作

另外，开放的合作平台能够促进不同领域的专家和团队共同解决复杂的问题，形成协同效应。例如，科技公司与高校、研究机构、创业公司以及用户之间的合作。

五是社会与文化的全面进步。

新的工作模式，如远程办公和灵活就业，正在促进工作效率的提高和生活方式的多样化。

新的学习方式，如在线教育和终身学习，也为个体提供了更多的自我提升机会。

社会的不断开放和包容性增强，鼓励不同观点的碰撞，将为整体创新注入新的活力。

跨学科合作使得每个人都有机会在自己擅长的领域中发挥创造力。

因此，创新的成功不仅依赖于技术的进步，还需要社会创新、文化创新和技术创新的融合。

四、创新面临的困难

创新是永无止境的，它是人类应对挑战、开辟新路径的关键动力。

不过，创新的实现也不会一帆风顺，将面临诸多困难，包括技术和资源的限制、市场的不确定性、法律和监管的壁垒、人才与文化的挑战等多重障碍。

1. 技术与资源的限制

许多领域的创新，要求极高的技术门槛和资金投入，包括复杂的实验、庞大的数据支持和先进的基础设施。

例如，人工智能的深度学习模型需要大量的计算资源和训练数据，而基因编辑技术则需要精密的实验设备和长期的临床验证。

对于中小型企业和创业公司而言，资金短缺、技术积累不足的问题，限制了其创新的持续性和深度。

2. 市场的不确定性

即使一项新技术或一款新产品在研发阶段取得了重大进展，进入市场时仍可能面临各种挑战。

首先，消费者是否愿意尝试并改变他们的习惯，是影响

创新能否成功的关键因素。

其次，技术再先进，如果它不能有效应用于实际问题，消费者也难以产生购买兴趣。

最后，在一些行业中，如金融、医疗和教育行业等，新技术的推广往往需要较长的适应期。

3. 法律与监管的壁垒

许多领域的创新都面临法律与监管的壁垒，政府推出的政策往往会滞后。

例如，无人驾驶汽车技术在多个国家遇到了法律法规的限制，其商业化进程受到了一定影响。

此外，创新产品和技术如果无法得到有效的专利保护，可能会面临被模仿或抄袭的风险。

4. 人才与文化的挑战

创新不仅依赖于技术和资源的支持，还深受高素质人才的影响。然而，人才的培养和吸引并非易事，企业不仅需要提供有竞争力的薪资和福利，还需要创造一个激励人才成长的环境。

此外，创新需要的是一种开放、包容的文化环境，鼓励员工大胆尝试、容忍失败。

五、点燃创新之火

2024 年年底至 2025 年年初，处于新技术领域前沿的“杭州六小龙”企业浮出水面，即聚焦于机器人、人工智能、游戏开发、脑机接口等领域的 6 家企业。

其中，游戏科学公司推出的游戏《黑神话：悟空》全球同步上线。强脑科技公司（BrainCo）在智能假肢领域获得新突破。群核科技公司展示了“基于图形处理器高性能计算的物理世界模拟器”。云深处科技公司及宇树科技公司分别发布最新的四足机器人及机器狗。深度求索公司开发的Deepseek大模型应用登顶下载排行榜。

未来，新质生产力需要通过技术创新、管理创新和模式创新来实现质的飞跃。

要点燃创新之火，需要创造一个良好的创新环境。

政府可以通过制定有利的政策、减少创新壁垒，为企业和个人提供资金、技术和法律支持。

同时，企业内部应当鼓励多样化思维和跨学科合作，培养创新精神，推动技术、知识和资源的融合。

不灭的创新之火，将会不断推动新质生产力的发展，促进经济转型升级，并为可持续发展奠定坚实基础。